「だから、
そうなのか!」
とガツンと
わかる

中学受験

合格する国語の授業

説明文・論説文 入門編

中学受験専門塾
ジーニアス
松本亘正
Hiromasa Matsumoto

実務教育出版

はじめに

「説明文・論説文《ろんせつぶん》の指導を、もっとシンプルに」

本書の執筆を通じて意識《いしき》したことです。

世の中にはたくさんの読解法《どっかいほう》がありますが、やたら線を引いたり○をつけさせたり、多くのルールや鉄則があります。しかも、本に書いてあることを実践したところで、普段《ふだん》習っている塾《じゅく》の先生とはやり方が違《ちが》うので、結局《けっきょく》使いこなせないことばかり。それでは時間の無駄《むだ》です。

本書は、説明文・論説文《ろんせつぶん》の入門編です。誰にとっても、どのような指導を受けていたとしても、役に立つことに絞《しぼ》っています。何より押《お》さえておきたいのは、説明文・論説文《ろんせつぶん》の常識《じょうしき》です。限《かぎ》られた時間で、しかも難《むずか》しい文章を読んで点数を取るために、まず暗黙《あんもく》の了解《りょうかい》となっている「常識《じょうしき》」を知っておかなければなりません。

- **筆者は何のために文章を書くのか?**
- **筆者はどうやって説得力《せっとくりょく》を持たせるのか?**

この二つを意識《いしき》して、注意すべきキーワードを逃《のが》さないようにすることで、難《むずか》しく見えていた文章の構造《こうぞう》がわかってきます。

一読して文章の中身が頭に入ってくるような、教養《きょうよう》のある人には必要ないことかもしれません。でも、国語が得意でない人はまずここから始めることで、読解《どっかい》の足がかりとしてほしいのです。それに、説得力《せっとくりょく》を持たせる手法《しゅほう》を知っておくことで、「何となく読む」が解消《かいしょう》され、より確実《かくじつ》に文章の構造《こうぞう》を理解《りかい》できるようになります。

さて、じつはここまでの文章に、本書で伝えていく要素《ようそ》を入れました。

〈説得力《せっとくりょく》を持たせるために、対比《たいひ》を使う〉

世の中の読解法《どっかいほう》に対して批判的《ひはんてき》だな、ちょっと挑戦的《ちょうせんてき》だなと思いましたか？「ルールや鉄則がたくさん」「習っている塾《じゅく》の先生とやり方が違《ちが》うから結局《けっきょく》使いこなせない」「時間の無駄《むだ》」と書いてありましたよね。これは、本書のよさを伝えるための道具だったのです。

なぜなら、人は自分の正しさを説明するために、「●●よりいいよね」と対比《たいひ》を用いて説得《せっとく》力《りょく》を持たせようとするものだからです。

〈相手が言ってきそうなことを、先に言ったうえで主張《しゅちょう》する〉

もしかしたら、「説明文・論説文《ろんせつぶん》を得意にするためには教養《きょうよう》が必要。テクニックに頼《たよ》るべきではない」という意見を持つ人もいるでしょう。その人に「この本は読む必要ないな」と思われたら、本書を買ってもらえません。だから、先に「教養《きょうよう》があったら必要ないことかもしれないけれど」と書いておくのです。そして、「説得力《せっとくりょく》を持たせる手法《しゅほう》を知っておくといいことがありますよ」と教養《きょうよう》重視の人にもおすすめしています。

じつはこれらのことは、私たちが日常《にちじょう》生活で当たり前のようにやっていることです。「A先生って、B先生よりわかりやすいよね」「勉強していないって言われるかもしれないけれど、私は自習室でこれだけ勉強したよ」といったように。そんな日常《にちじょう》生活の〝当たり前〟を使って、説明文・論説文《ろんせつぶん》の構造《こうぞう》を理解《りかい》してもらいます。

本書は主に小学5~6年生を意識《いしき》して執筆しました。ただ、意欲的《いよくてき》な小学4年生が読むこともできますし、お子様の国語の成績に悩《なや》める保護者様が、家庭学習の参考にすることもできるでしょう。

ジーニアスの授業では、説明文・論説文《ろんせつぶん》の学習を開始するにあたって、文章をじっくり読み進め、「どうして筆者はこんな例を持ち出したのか」「ここで言いたいことをまとめているよね」といった文章構造《こうぞう》の把握《はあく》を、生徒とのやりとりを通じて深めます。そうやって解説をしていく中で、記述問題に挑戦《ちょうせん》させ、その場で添削《てんさく》をします。解法テクニックに頼《たよ》らずに「スロー・リーディング」を通じて文章を把握《はあく》することは、現代の中学受験にとても有効です。

難関校になればなるほど記述問題の割合が増えていきますが、そもそも説明文・論説文《ろんせつぶん》が苦手な子はその手前の読み込《こ》みでつまずいていることが多く、「書きなさい」と言われてもどう書いていいかがわからず、戸惑《とまど》うからです。

本書も、そんなジーニアスの授業を再現することを意識《いしき》して執筆しました。霧《きり》が晴《は》れるように説明文・論説文《ろんせつぶん》が理解《りかい》できる、読めるようになる、解けるようになる。そんな体験につながっていくことを願っています。

中学受験専門塾ジーニアス
松本亘正

本書の使い方

本書は、中学受験専門塾ジーニアスによる「国語 説明文・論説文《ろんせつぶん》入門編」の授業を再現しました。文章を読み解き、中学受験に合格するための「常識《じょうしき》」や「技術」を身につけられます。高校受験、大学受験を目指《めざ》す中高生や、大人の学び直しにも大いに役立ちます。

1 ジーニアスで教えている「国語 説明文・論説《ろんせつ》文《ぶん》」の授業を誌面で再現。説明文・論説文《ろんせつぶん》の問題を読み解くコツを、わかりやすく解説する！

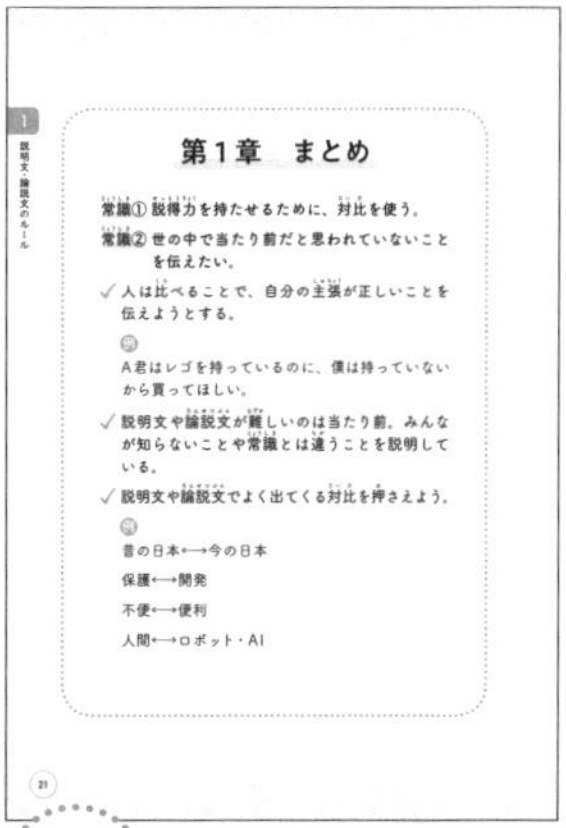

3 実際《じっさい》に難関中学で出題された説明文・論説文《ろんせつぶん》、入試問題を使って、実用的な読解《どっかい》のコツを学べる！

※引用文の漢字の表記などは、原作に合わせております。また、小学生の読者のために、一部ふりがなを追加しております。

※とくに断りのない限《かぎ》り、入試問題の解答や解説は公表されたものではありません。

2 各章の押《お》さえておきたいポイントを、章末にある「まとめ」でおさらいできる！

中学受験「だから、そうなのか！」とガツンとわかる
合格する国語の授業
説明文・論説文入門編

もくじ

3 説得力のレッスン【自問自答】

4 この言葉に注目！【つまり】

5 この言葉に注目！【確かに／もちろん】

「確かに／もちろん～。しかし～」を見つけて説明文を読み解こう 110

6 主張と具体例

言いたいこと（主張）とわかりやすい例（具体例）の区別がポイント 132

7 「記述問題」の入り口

編集協力：星野友絵・大越寛子（silas consulting）
イラスト：吉村堂（アスラン編集スタジオ）
装丁：井上新八
本文デザイン・DTP：佐藤純（アスラン編集スタジオ）

1 説明文・論説文のルール

説明文・論説文の「技術」や「常識」を知ろう

説明文・論説文の「技術」や「常識」を知るだけで点数はアップする

「どうして説明文は頭に入ってこないんだろう?」

「どうして論説文《ろんせつぶん》のテストの時は、点数が取れたり取れなかったりするのだろう…?」

そんな悩《なや》みを持っている人も少なくないでしょう。

説明文や論説文《ろんせつぶん》というのは、そもそも大人向けに書かれたものばかりです。

ですから、簡単《かんたん》に読めるはずがありません。


「えっ!?　じゃあ、『あきらめろ』ってこと?」と思ったあなた。

そんな必要はありません。

説明文や論説文《ろんせつぶん》には、ルールが明確《めいかく》に存在しています。そのルールを押《お》さえればいいのです。

たとえば、「私は、○○だと思います。だって、そう思うから」

…説明文・論説文《ろんせつぶん》でそんな主張《しゅちょう》をされても、全然説得力《せっとくりょく》がありませんよね。

読み手に納得《なっとく》してもらうためには、使うべき技術があります。

それを知れば、文章全体が見えてくるのです。


また、説明文・論説文《ろんせつぶん》のテーマや書き方にも共通性があります。

「また、この話か」「はいはい、どうせ今の日本を批判《ひはん》して、過去の日本はよかったというようなテーマでしょ!」と思えるようになったら勝ちです。


ルールを知り、よく出てくる文章の型《かた》をつかめば、要点を読み取れるようになります。

「技術」や「常識《じょうしき》」を知るだけで点数が上がるのですから、やってみて損はありません。


それでは、最初のルールから。

本章では、とくに重要《じゅうよう》な「説明文の常識《じょうしき》」を二つ紹介《しょうかい》します。しっかり押《お》さえてくださいね。

常識①説得力を持たせるために、対比を使う

何か伝えたいことがある時、対比《たいひ》がないと説得力《せっとくりょく》は増《ま》しません。


たとえば、あなたがレゴを買ってほしかったとしましょう。

「買って、買って、買って～!」と訴《うった》えても、「もう、たくさん持っているでしょ」「この前、

A

㊀ぼく…レゴを持っていない

↔

㊉〇〇くん…レゴを持っている

買ったじゃない」と言われて、撃沈《げきちん》します。「わがまま言わないの！」と怒《おこ》られてしまうかもしれません。

ここで、少しでも買ってもらえる可能性《かのうせい》を高めるために、あなたならどうしますか？

つまり、「買ってあげてもいいかな」と親に思わせるために、どんな手段《しゅだん》を使えばいいでしょうか？

たとえば、以下の方法があります。

A「〇〇くんは、このマイクラのレゴを持っているんだよ。ぼくもほしいな」

B「△△の時に私、我慢《がまん》したよね。だから今回は買ってほしい」

もちろん、これだけでは買ってもらえないかもしれません。

「うちの親はこんなんじゃ絶対無理」「何言ったって無駄《むだ》です」といった声が聞こえてきそうです。

B

昔…我慢した

⟷

今…我慢したくない＝買ってほしい

でも、「買って、買って、買って〜！」より可能性《かのうせい》は高まりそうですよね。

Aは、自分と〇〇くんを比《くら》べています。図にすれば前ページの図のような感じです。

Bは、過去と現在を比《くら》べています。上図のような感じでしょう。

⊖ シティホテル3号室（お笑い）
鬼滅の刃（アニメ）

⟷

⊕ 呪術廻戦（アニメ）
爆笑問題（お笑い）

私たちは日常的《にちじょうてき》に、この「比《くら》べる」ということをしています。『呪術廻戦《じゅじゅつかいせん》』って、『鬼滅《きめつ》の刃《やいば》』よりおもしろいよね」とか「シティホテル3号室って爆笑《ばくしょう》問題より売れてないよね」といったような会話をします。前者はアニメ、後者はジーニアスの講師をしているお笑いコンビの話です（さすがにシティホテル3号室と爆《ばく》笑《しょう》問題では、レベルに差がありすぎますね…）。

「Aくんってかっこいいよね」「Bさんの家ってお金持ちだよね」という話題があったら、はっきり言ってはいないけれど、「他の人たちよりも」という意味が含《ふく》まれています。

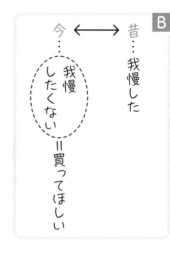

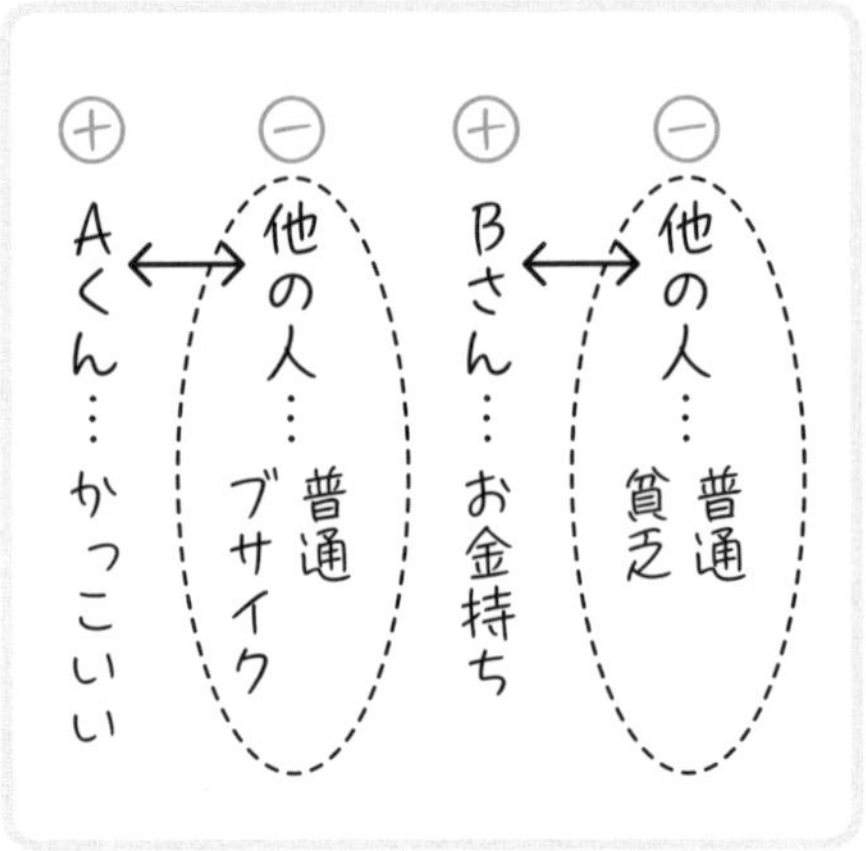

ちょっと残酷《ざんこく》ですが、世の中はそんなものなのです。これを知ることはとても大事なことです。図にすれば上のような感じですね。

この本では、比《くら》べることを「対比《たいひ》」と書きます。何度も出てきますし、文章を読む時にはとくに重要《じゅうよう》なポイントですから、すぐに気づいて「対比《たいひ》だ！」と言えるようになりましょう。

さて、対比《たいひ》を使いこなせるようになるために、みなさんにおすすめの方法があります。

これからちょっと**めんどうくさい子になりましょう。親と話す時に、対比《たいひ》を使うのです。**

「〇〇くんは今日外遊びしているけれど、ぼくはずっと外に行っていないから今日遊んでもいいよね」「〇〇さんは、毎月本を買ってもらっているんだって。私もいいよね？」というように。

「よそはよそ、うちはうち！」と反論《はんろん》されるかもしれませんが、とにかく対比《たいひ》を使った要求《ようきゅう》をしてみましょう。学んだことは、日常的《にちじょうてき》に使うことが大切なのです。

✓常識②世の中で当たり前だと思われていないことを伝えたい

「説明文や論説文《ろんせつぶん》って難《むずか》しいからイヤだ」「知らない話ばっかり出てくる」という感想を持ったことはありませんか？

素晴らしい！　その通りです！

「えっ!?　なんでほめられるの？」と思いましたか？

だって、当たり前のことを当たり前に書くだけでは、文章を読んでもらえないからです。

「えっ!?　そうなの？」とならなければ、興味《きょうみ》を持ってもらえません。

もし、次のような文章があったとしましょう。

「一日の中で温度が高くなるのは昼です。それはどうしてでしょう？」

もちろん、それは日が照《て》っているからに決まっています。

当たり前の話を読まされても、おもしろくありませんよね。しかも、続きがこんな文章だっ

たら…。

「じつは、太陽が関係しているのです。昼になれば太陽が出るから、その光で温度が高くなるのです」

「…ハイ、知っています。で？」

そう思われちゃいますよね。

だから、**説明文や論説文《ろんせつぶん》というのは、みんなが知らないことや、一般的《いっぱんてき》な常識《じょうしき》とは異《こと》なる説を唱《とな》えて、現代に起こっている問題をテーマに、「こうしていこう」と提案《ていあん》するもの**なのです。それは、「えっ!? どうして？」と興味《きょうみ》を持って読んでもらうために必要なこと。

だから、みなさんが知らないような話が出てくるのです。

「あぁ、イヤだなあ…」なんて思わないでください。

説明文や論説文《ろんせつぶん》を読むことによって、知らなかったことを知ることができますし、異《こと》なった見方ができるようになります。

難《むずか》しい言葉で言うと、〝教養《きょうよう》を高める〟ことができます。

だから、つまらなさそうに思えても、「楽しもう！」「新しいことを知ろう！」という気持ちを持ってくれたらうれしいです。

説明文・論説文でよく出題されるテーマを知ろう

ここからの話は上級編になります。

読み飛ばしてもいいのですが、受験を控《ひか》えた6年生なら読んでほしい内容《ないよう》です。

説明文・論説文《ろんせつぶん》には型《かた》があります。

とくに、対比《たいひ》を使って、一般的《いっぱんてき》な常識《じょうしき》とは異《こと》なる話を組み合わせたテーマの問題が出やすいのです。たとえば、代表的なテーマとして、次のようなものがあります。

昔の日本⟷今の日本
保護⟷開発
自然⟷科学
文化⟷文明
不便⟷便利
経験《けいけん》⟷知識
自分でやる⟷他人に任《まか》せる
複雑《ふくざつ》（多面的）な見方⟷単純（一面的）な見方

理想《りそう》↔現実
人間↔ロボット・AI

だいたい上側がプラス、下側がマイナスになっています。

たとえば、「不便↔便利」を取り上げてみましょう。

普通《ふつう》に考えたら、どちらのほうがよさそうですか？　もちろん、「便利」ですよね。

でも、それを語ったところで「ふ〜ん。」便利なのはいいよね。知っているよ」で終わってしまいます。だから、あえて「『不便』がいいよね」ということが語られるのです。

そして、不便のよさを説明するには、「便利はよくないよ」という話が出てきます。

「そんな話、本当にあるの？」って思いますよね。あとで紹介《しょうかい》しましょう。


どんなテーマが出やすいのかを知ることは、難《むずか》しい言葉で言うと、物事を俯瞰的《ふかんてき》に見ることにつながります。わかりやすく言い換《か》えれば、「鳥の目」を持つことです。

鳥の目を持てると、「また、この話か」「あの話と同じだ」と一瞬《いっしゅん》でわかるようになり、説明文・論説文《ろんせつぶん》への苦手意識《いしき》がどんどん減っていきますよ。

第1章　まとめ

常識《じょうしき》① 説得力《せっとくりょく》を持たせるために、対比《たいひ》を使う。

常識《じょうしき》② 世の中で当たり前だと思われていないことを伝えたい。

✓ 人は比《くら》べることで、自分の主張《しゅちょう》が正しいことを伝えようとする。

例

A君はレゴを持っているのに、僕《ぼく》は持っていないから買ってほしい。

✓ 説明文や論説文《ろんせつぶん》が難《むずか》しいのは当たり前。みんなが知らないことや常識《じょうしき》とは違《ちが》うことを説明している。

✓ 説明文や論説文《ろんせつぶん》でよく出てくる対比《たいひ》を押《お》さえよう。

例

昔の日本⟷今の日本

保護⟷開発

不便⟷便利

人間⟷ロボット・AI

2

説得力のレッスン【対比】

説明文を読み取るために「対比の構造」をマスターしよう

「対比」はどこにある？

問題で出てくる文章が「長いなぁ」と思う時ってありますよね。

全部じっくり読んでいたら、それだけで時間がかかってしまいます。

しかも、読み終わった時に「えっと…、何の話だったっけ？」となってしまったら悲劇《ひげき》です。


これを防《ふせ》ぐには、まず文章の骨組《ほねぐ》みを理解《りかい》しながら読んでいくのがおすすめです。

そのために、印《しるし》をつけながら読む練習をしていきましょう。

でも、たくさん印《しるし》をつけたり線を引いたりすることはありません。


よく、国語の本でたくさんのルールがあったり、細かく印《しるし》をつけながら読んでいったりする方法がありますよね。

私は、小学生の時からずっと思ってきました。「いや、そのたくさんの作業ができるくらいだったら、そもそも国語が苦手になるわけない」と。世の中の国語本は手順が多すぎます。

まず、読解《どっかい》のために最低限必要なことだけをマスターしましょう。

そこで、まず見つけたいのは対比《たいひ》の構造《こうぞう》です。

人は自分の主張《しゅちょう》が正しいことを認めてもらうために、自分と反対の主張《しゅちょう》や、世の中の常識《じょうしき》を取り上げます。そして、それを否定《ひてい》することで自分の正しさを主張《しゅちょう》するのです。

では、最初の問題です。

この章のここまでの文章で、私は対比《たいひ》を使いました。

私の主張《しゅちょう》に線を引いてプラス（⊕）、否定《ひてい》するために使った反対の主張《しゅちょう》や世の中の常識《じょうしき》に線を引いてマイナス（⊖）と書き込《こ》んでください。なお、先にマイナスが書かれています。

書き込《こ》めましたか？

「よく、国語の本でたくさんのルールがあったり、細かく印《しるし》をつけながら読んでいったりする方法」というところに線を引いて、⊖と書き込《こ》めたらOKです。「世の中の国語本は手順が多すぎます」でもいいでしょう。

そして、「まず見つけたいのは対比《たいひ》の構造《こうぞう》です」というところに線を引いて、⊕と書き込《こ》んでいたらＯＫ。これが私の言いたいことです。

このようにして、「まずは筆者の言いたいことは何なのか」「その説明に説得力《せっとくりょく》を持たせるために使う素材《そざい》は何なのか」を見つけられるようになりましょう。

✓「対比」の例題で練習しよう

ここからは、実際《じっさい》の入試で出題された文章で練習します。

次の例のような形で、対比《たいひ》の構造《こうぞう》を見つける作業をしてください。

海城中学出題　若松英輔『弱さのちから』

〈前略〉メルケルが、決して口にしなかったのは「頑張《がんば》れ」という言葉です。「皆さん、頑張《がんば》りましょう」「私たちはどうにかなります。頑張《がんば》りましょう」と彼女はいわない。彼女は「強さ」を誇《ほこ》るような態度を取りません。むしろ、「弱い」、「私たちは弱い存在なのだ」ということを最初に語るのです。


場所がピッタリ一致《いっち》していなくても大丈夫です。

たとえば、「先生、ぼくはもう少しあとのところに線を引きました。これでもいいですか？」と思うかもしれません。ええ、ＯＫです。

私たちは
弱い存在です
第8代ドイツ連邦共和国首相
アンゲラ・メルケル

あくまでも、「筆者の言いたいこと」が何なのかをはっきりさせるために行う作業ですから、文字がどこまで入るかなんて、いちいち考える必要はありません。

この文章では、ドイツのメルケル首相の言葉をプラスだと考えていることがわかればいいのです。

「対比」の問題①プラス・マイナスの部分を見つけて筆者の主張を読み取ろう

では、第1問目。対比《たいひ》を見つけたら線を引いて、⊕、⊖を書き込《こ》んで、両矢印《やじるし》（↔）でつなぎましょう。

明治大学付属明治中学出題

一冊の本を、価値あるものにするかどうかは、読み方次第《しだい》である。たとえば、海外で見知らぬ土地を訪れることをイメージしてみよう。出張で訪れた町を、空き時間のほんの一、二時間でザッと見て回るのと、一週間滞在《たいざい》して、地図を片手に、丹念《たんねん》に歩いて回るのとでは、同じ場所に行ったといっても、その理解《りかい》の深さや印象の強さ、得られた知識の量には、大きな違《ちが》いがあるだろう。

平野啓一郎『本の読み方　スロー・リーディングの実践』

筆者が例に出したのは、見知らぬ土地を訪れることです。

①出張で訪れた町を、空き時間のほんの一、二時間でザッと見て回ること

②一週間滞在《たいざい》して、地図を片手に、丹念《たんねん》に歩いて回ること

どちらのほうが、理解《りかい》が深まり、印象が強くなるか、知識を得られるか。

もちろん、②ですよね。そうすると、⊖、⊕をどこに書けばいいか見えてくるはずです。

答えは次のようになります。

一冊の本を、価値あるものにするかどうかは、読み方次第《しだい》である。たとえば、海外で見知らぬ土地を訪れることをイメージしてみよう。⊖出張で訪れた町を、空き時間のほんの一、二時間でザッと見て回るのと、⊕一週間滞在《たいざい》して、地図を片手に、丹念《たんねん》に歩いて回るのとでは、同じ場所に行ったといっても、その理解《りかい》の深さや印象の強さ、得られた知識の量には、大きな違《ちが》いがあるだろう。

プラスは、筆者が評価《ひょうか》していることや、筆者の主張《しゅちょう》です。
だから、プラスがとくに大切なことにあたります。
ここを見つけて印《しるし》をつけることで、大事なところを見落とすことが減ってきます。

✓「対比」の問題②「マイナス」に見える主張に惑わされず読み込もう

では、第2問目。対比《たいひ》を見つけて線を引き、⊕と⊖を書き込《こ》んで、↔でつなげましょう。

聖光学院中学出題

「蝶《ちょう》のように舞《ま》った」「花のように可憐《かれん》な」では、普通《ふつう》すぎて面白《おもしろ》くもなんともない。こういうありきたりの比喩《ひゆ》は文字を無駄《むだ》に消費しているだけで役に立たない。これが、「捨てられたガムのように寂《さび》しかった」「三角錐《さんかくすい》みたいに切り立った星空だった」などとすると、読者の思考《しこう》は一瞬《いっしゅん》そこで止まるだろう。「何なの、それ」と思うのが普通《ふつう》だ。だが、一部の人には、これが「面白《おもしろ》い」と感じられるのである。

森博嗣『面白いとは何か？　面白く生きるには？』

筆者は、「面白《おもしろ》い」のはどんな例なのかを説明しています。
前半の「蝶《ちょう》のように舞《ま》った」「花のように可憐《かれん》な」という例は、「普通《ふつう》すぎて面白《おもしろ》くもなんともない」とありますからマイナスですね。

つまり、「おもしろいと思っている例はそのあとに来るだろう」と予想しながら読んでいくことができるのです。

「捨てられたガムのように寂《さび》しかった」「三角錐《さんかくすい》みたいに切り立った星空だった」という例は、「一部の人には、これが『面白《おもしろ》い』と感じられる」とありますからプラスでしょう。

「『何なの、それ』と思うのが普通《ふつう》だ」という部分から、「マイナスかな？」と思わせますが、「だが」という逆接の接続語が使われていますし、そもそもその前の例がマイナスだったので、これはプラスの話であるということがわかります。

⊕・⊖を書き込《こ》むと、次のようになります。

⊖「蝶《ちょう》のように舞《ま》った」「花のように可憐《かれん》な」では、普通《ふつう》すぎて面白《おもしろ》くもなんともない。こういうありきたりの比喩《ひゆ》は文字を無駄《むだ》に消費しているだけで役に立たない。これが、⊕「捨てられたガムのように寂《さび》しかった」「三角錐《さんかくすい》みたいに切り立った星空だった」などとすると、読者の思考《しこう》は一瞬《いっしゅん》そこで止まるだろう。「何なの、それ」と思うのが普通《ふつう》だ。だが、⊕一部の人には、これが「面白《おもしろ》い」と感じられるのである。

今回も、線を引く場所はある程度《ていど》でOKです。

大切なことは、筆者が評価《ひょうか》しているのは後ろの例だというのをわかって読み進めていくこと。「捨てられたガムのように寂《さび》しかった」なんて、なかなか思いつきそうもないですよね。

✓「対比」の問題③できるだけ線を短く引く意識で取り組もう

では、第3問目。今度は対比《たいひ》の線をできるだけ短く引くことを意識《いしき》してみてください。

浦和明の星女子中学出題

森博嗣『お金の減らし方』

多くの人は、「時間」や「お金」が不足しているから自分のやりたいことが実行できない、と言い訳《わけ》をするのであるが、実は、本当にやりたいことがわからない人である場合が非常に多い。何がしたいのか？　どうしたいのか？　具体的に質問をしていくと、はっきりと答えられない、という場面になる。

一方で、本当にやりたい、どうしてもやりたいと考える人は、「時間」も「お金」もなんとか工面《くめん》してしまう。自分の好きなことをしている人は、まるで自由人のように傍《はた》から見えるけれど、時間とお金が潤沢《じゅんたく》にあるから、好きなことができるのではない。それは全然違《ちが》う。かなり苦労して、時間やお金を生み出している。

この文章も、前半がマイナス、後半はプラスであるということに気づいたのではないでしょうか。

文章の型《かた》を知れば、「先にマイナスを持ってきて、そのあとにプラスが来るんだな」ということがわかってくるはずです。

さて、今回はできるだけ線を短く引いてほしいとお願いしました。

できるだけ短くすることでどうなるでしょうか。

「多くの人」がマイナス、「本当にやりたい、どうしてもやりたいと考える人」がプラスになります。もう少し線を引くと、「本当にやりたいことがわからない人」がマイナス、「自分の好きなことをしている人」はプラスになりますね。

⊖多くの人は、「時間」や「お金」が不足しているから自分のやりたいことが実行できない、と言い訳《わけ》をするのであるが、実は、本当にやりたいことがわからない人である場合が非常に多い。何がしたいのか？　どうしたいのか？　具体的に質問をしていくと、はっきりと答えられない、という場面になる。

一方で、⊕本当にやりたい、どうしてもやりたいと考える人は、「時間」も「お金」もなんとか工面《くめん》してしまう。自分の好きなことをしている人は、まるで自由人のように傍《はた》から見えるけれど、時間とお金が潤沢《じゅんたく》にあるから、好きなことができるのではない。それは全然違《ちが》う。かなり苦労して、時間やお金を生み出している。

この文章には、かなり難《むずか》しい言葉が当たり前のように出てきます。「工面《くめん》」「傍《はた》から」「潤沢《じゅんたく》」などパッと意味が思いつかない人のほうが多いのではないでしょうか。

もちろん言葉を知ることは大切ですし、語彙《ごい》が豊富《ほうふ》になれば圧倒的《あっとうてき》に有利ですから、勉強していきましょう。

でも、知らない言葉が出てきたからといって、あきらめてはいけません。前後の内容《ないよう》から「こうかな」と考える「推測力《すいそくりょく》」を鍛《きた》えればわかることもたくさんありますし、文章の型《かた》がわかれば、「細かいところはよくわからないけれど、言いたいことはこういうことだね」と思えるのです。

✓「対比」の問題④「プラス」が前半に来るパターンもある

第4問目にいきましょう。

青山学院中等部出題

永田和宏『知の体力』

そんなポジティブな「相槌《あいづち》」によって、次々に自分のアイデアが展開《てんかい》し、どんどん深く、あるいは高く伸《の》びていくのを実感《じっかん》するとき、「俺《おれ》って、結構いいこと考えてるよなあ」と、自分の能力というものの蓋《ふた》が開かれていくのを実感《じっかん》するものだ。自分が全的に受け容《い》れられていると感じることができるとき、人間はもう一歩先の自分に手が届くものである。自分という存在が世界に対して開かれていくという体験である。

逆に、こちらが考えを述《の》べ始めると、取り敢えずそれを否定《ひてい》するところから対話《たいわ》を始めるという人も結構いるものだ。否定的《ひていてき》、あるいは消極的な反応《はんのう》しかできない人である。自分の意見を述《の》べるというのは、自分で考え抜《ぬ》いた理論を堂々と展開《てんかい》するといった場面とは違《ちが》う場合のほうが圧倒的《あっとうてき》に多いのである。

おずおずと意見を述《の》べ、相手の反応《はんのう》を見ながらその軌道《きどう》修正を行うというのが、日常《にちじょう》の場面である。そんなときに、冒頭《ぼうとう》から、「それは意味無いだろう」とか、「そんなことは誰《だれ》でも考えつくことだよ」とか、「それは無理だよ」、あげくに「ばかばかしい」などの反応《はんのう》が返ってきたら、もはや自分の考えのマグマに形を与《あた》えようという意欲《いよく》が完全消滅《しょうめつ》することだけは確かである。

今回は、前半がプラス、後半がマイナスになっている文章でした。

前半、「ポジティブな『相槌《あいづち》』によって「自分の能力というものの蓋《ふた》が開かれていくのを実《じっ》感《かん》する」「自分という存在が世界に対して開かれていくという体験」をしていくのですから、明《あき》らかにプラスですよね。そうしたら、「次にマイナスが来るんじゃないかな？」と想像《そうぞう》しながら読めるようになってほしいのです。対比《たいひ》がないと説得力《せっとくりょく》が減ってしまいますから「逆に」という言葉を見たら、「ほら来た！　ここからマイナスだ！」と思ってください。

そんな⊕ポジティブな「相槌《あいづち》」によって、次々に自分のアイデアが展開《てんかい》し、どんどん深く、あるいは高く伸《の》びていくのを実感《じっかん》するとき、「俺《おれ》って、結構いいこと考えてるよなあ」と、自分の能力というものの蓋《ふた》が開かれていくのを実感《じっかん》するものだ。自分が全的に受け容《い》れられていると感じることができるとき、人間はもう一歩先の自分に手が届くものである。自分という存在が世界に対して開かれていくという体験である。

逆に、こちらが考えを述《の》べ始めると、⊖取り敢えずそれを否定《ひてい》するところから対話《たいわ》を始めるという人も結構いるものだ。⊖否定的《ひていてき》、あるいは消極的な反応《はんのう》しかできない人である。自分の意見を述《の》べるというのは、自分で考え抜《ぬ》いた理論を堂々と展開《てんかい》するといった場面とは違《ちが》う場合のほうが圧倒的《あっとうてき》に多いのである。

もっと線を引いたという人もOKですが、今回は「ポジティブな『相槌《あいづち》』」と「否定的《ひていてき》な反応《はんのう》」を比《くら》べていますよね。少しずつ、ポイントを絞《しぼ》れるようになっていきましょう。

そのあとの文章にも、マイナスが出てきますね。

おずおずと意見を述《の》べ、相手の反応《はんのう》を見ながらその軌道《きどう》修正を行うというのが、日常《にちじょう》の場面である。そんなときに、⊖冒頭《ぼうとう》から、「それは意味無いだろう」とか、「そんなことは誰《だれ》でも考えつくことだよ」とか、「それは無理だよ」、あげくに「ばかばかしい」などの反応《はんのう》が返ってきたら、もはや自分の考えのマグマに形を与《あた》えようという意欲《いよく》が完全消滅《しょうめつ》することだけは確かである。

ここまで線を引いた人、よく気づきました。

でも、わかっていたけれど引かなかった人もいるかもしれません。「否定的《ひていてき》な反応《はんのう》」の具体例だから同じことかなと思ったのであれば、それも素晴らしい読解力《どっかいりょく》だと言えますよ。

ところでこの文章を読んで、「わかる、わかる!」と思った人もいるのではないでしょうか。「ポジティブな相槌《あいづち》」のほうじゃなくて、否定《ひてい》されるほうの経験《けいけん》がある人は、少なくなさそうです。

大人の世界でもよくあるんですよ。

せっかく提案《ていあん》したのに、「それは意味がないだろう」「そんなことは誰《だれ》でも考えつくことだよ」と頭ごなしに否定《ひてい》されることがあります。そうすると、「考えよう」という意欲《いよく》がなくなってしまいますよね。今ではこういう言動は「パワハラ」と呼《よ》ばれます。

いくら意味がないことであっても、誰《だれ》もが考えつくことであっても、そんなことを言われたら、やる気を失ってしまいますよね。私も言葉に気をつけないといけないなと日々省《かえり》みています。

「対比」の問題⑤複数の「プラス」「マイナス」を読み取ろう

では、第5問目。今度は複数《ふくすう》のプラス、マイナスがあります。どんな対比《たいひ》があるか考えながら読んで、見つけたらすぐに書き込《こ》んでくださいね。

早稲田中学出題

映画の中では俳優《はいゆう》は鼻や口や相手から聞こえる耳を一所懸命《いっしょけんめい》使って演技《えんぎ》をする。しかし、名優《めいゆう》は後ろ姿で演技《えんぎ》をする。目も鼻も口も何もない後ろ姿で。

〈中略〉

人間は一日の半分の昼間、一所懸命《いっしょけんめい》世界を見つめ、観察《かんさつ》し、理解《りかい》する。しかし一日の半分は、見えない闇《やみ》の中で思いやる。想像《そうぞう》する。そして優《やさ》しさを身につける。世界に対して本当の優《やさ》しさを得ることができる。そのように僕《ぼく》たちは神様から作られてきたわけである。僕《ぼく》たちには、後ろ姿や闇《やみ》が大事なのだ。けれども見えないということは不便である。そして恐ろしい。誤解も生まれる。そこで、見えない闇《やみ》の中で何かを見ようという好奇心によって、見えないものが見えるようになった。

今は、夜でさえも明るい。ビデオやカメラによって見えないはずの後ろの世界が見えるようにもなった。現代の科学文明の力である。

大林宣彦「芸術」（『中学生の教科書—今ここにいるということ』所収）

映画監督、大林宣彦《おおばやしのぶひこ》氏の文章です。

2021年の早稲田中に出題されていますが、前年に亡くなったことも影響《えいきょう》しているのでしょう。大林《おおばやし》氏の文章は、女子学院中、雙葉《ふたば》中など多くの学校で出題されてきました。

まず、最初の段落《だんらく》に対比《たいひ》がありますね。

映画の中では⊖俳優《はいゆう》は鼻や口や相手から聞こえる耳を一所懸命《いっしょけんめい》使って演技《えんぎ》をする。しかし、⊕名優《めいゆう》は後ろ姿で演技《えんぎ》をする。目も鼻も口も何もない後ろ姿で。

まず、先ほど学んだことから、マイナス「俳優《はいゆう》」、プラス「名優《めいゆう》」にだけ線を引いた人はもちろんOKです。学習能力が高いですね。

今回は前半がマイナスとは言い切れないのですが、対比《たいひ》としてわかりやすくするために、マイナスと書いておきます。

筆者が言いたいことを読み取るには、プラスのところに注目しましょう。ここに筆者の主張《しゅちょう》が表れています。

「名優《めいゆう》（素晴らしい俳優《はいゆう》）は後ろ姿で演技《えんぎ》をする」。

筆者は、このことをプラスにとらえています。

「ここは前半を否定《ひてい》しているわけではなく、一般的《いっぱんてき》な例を挙《あ》げているだけだな」と思う部分には、線を引いたうえで、⊕を書いてもいいでしょう。

次の文章も同様《どうよう》です。

人間は一日の半分の昼間、一所懸命《いっしょけんめい》世界を見つめ、観察《かんさつ》し、理解《りかい》する。しかし⊕一日の半分は、見えない闇《やみ》の中で思いやる。想像《そうぞう》する。そして優《やさ》しさを身につける。世界に対して本当の優《やさ》しさを得ることができる。

前半と後半で対比《たいひ》されていますが、「昼間、一所懸命《いっしょけんめい》世界を見つめ、観察《かんさつ》し、理解《りかい》する」ことがダメとは言っていません。ただ比《くら》べることで、後半の重要性《じゅうようせい》をはっきりさせているのです。

前半部分にマイナスと書いたからといって、直す必要はありません。

はじめのうちは「迷《まよ》ったら書く」でいいのです。

そのあとに、「僕《ぼく》たちには、後ろ姿や闇《やみ》が大事なのだ」とまとめています。

このように、まとめている部分は重要《じゅうよう》です。

さて、そのあとに続く部分は、プラスでしょうか、マイナスでしょうか？

今は、夜でさえも明るい。ビデオやカメラによって見えないはずの後ろの世界が見えるようにもなった。現代の科学文明の力である。

ここだけを読んだら、「見えないはずの後ろの世界が見えるようになったのだから、プラスかな」と思うかもしれません。でも、それは誤《あやま》りです。

このことを二つの視点から説明しましょう。

まず、筆者にとってのプラスは何だったのか。「後ろ姿や闇《やみ》が大事」でした。

ということは、現代の科学文明の力で見えないはずの後ろの世界が見えるようになるのは、闇《やみ》（プラス）の反対にあたります。ですから、マイナスだと考えられますよね。

僕たちには、
後ろ姿や闇が大事なのだ
映画監督
大林 宣彦

文章を読む時に、プラスとマイナスを逆に読んでしまうと、大事故になってしまいます。

それだけは避《さ》けなければいけません。

正しい答えにたどり着くには、筆者の言いたいことをプラス、その反対のことだからマイナスだろうなと考えられるようになってください。

そうすれば、⊕か⊖かはっきり書いていなくても、筆者の言いたいことがわかります。

あるいは、対比《たいひ》のプラス・マイナスのうち、片方しか書いていなくても、「プラスの反対だからマイナスだな」といったように補《おぎな》うことができるのです。

もう一つの視点からも説明しておきましょう。

それは「常識《じょうしき》②」の考え方を使う方法です。

「現代の科学文明の力は素晴らしい」「便利になったのはよいことだ」という文章だったら当たり前すぎますよね。筆者は「そうではなく、不便だからこそよいのだ」ということを伝えようとしているのです。不便（プラス）⟷便利（マイナス）というのはよくあるパターンです。

大林宣彦《おおばやしのぶひこ》監督は広島県尾道《おのみち》市出身で、『時をかける少女』をはじめ尾道《おのみち》を舞台《ぶたい》にした映画をたくさん撮《と》った人物です。

余談《よだん》ですが、尾道《おのみち》って坂がたくさんあるいい町です。行く先々で、猫をよく見かけました。島もたくさんあって、因島《いんのしま》で売られている『はっさく大福』は私の大好物です。

また、近くのレモンの生産がさかんな島には、古い建物をリノベーションしてつくった私の大好きな旅館もあります。以上、尾道《おのみち》の宣伝《せんでん》でした。

✓「対比」の問題⑥「プラス」「マイナス」がすぐ読み取れなくても丁寧に読もう

では、第6問目です。

青山学院中等部出題

本川達雄「生物学を学ぶ意味」（『何のために「学ぶ」のか〈中学生からの大学講義〉1』所収）

時間は回るのか、それともまっすぐか？　昔から人間は二つの見方を持っていた。時間が回ると考える民族はマヤや古代ギリシャ、インドがある。日本もやはり回る時間の中で生きていた。

それに対して直線的な時間観を持つ代表的な存在はキリスト教徒。キリスト教では、神様がこの世をつくったときから世の終末まで一直線に、ゾウがいようがネズミがいようが関係なく、神様の時間が流れていく。この時間の見方がニュートンを介して古典物理学に入っていった。ニュートン力学においては、時間はまっすぐ進むが、過去から未来へ進もうと、未来から過去へ進もうと、力学としては成り立つ。だがニュートンは、絶対時間は一方向にのみ進むと考えた。これは彼のキリスト教への信仰がそう言わせているのである。科学とは西洋近代《きんだい》という文化がつくり出したものであり、それはキリスト教の強い影響《えいきょう》を受けているものだ。

〈中略〉

西洋人いわく「これはたかだか一五年しかたっていないから」。けれども、日本人の感覚からすれば「回っているから一三〇〇年続いているのだ」となる。

〈中略〉

西洋人からは「日本人は二つの宗教を股《また》にかけている節操《せっそう》のない民族だ」と言われるが、私はそう思わない。日本人は実に賢《かしこ》く永遠とつき合ってきたのだ。

時間は回るのか、まっすぐか。筆者はどちらをプラスと考えているか、ここだけではすぐにわかりません。勘《かん》のいい人は「普通《ふつう》は〇〇と考えるはずだから、筆者は□□じゃないかな」と予想できたかもしれませんね。でも、決めつけるわけにもいきませんから、読み進めて判断《はんだん》しましょう。

まず、最後の部分に注目してください。

⊖西洋人からは「日本人は二つの宗教を股《また》にかけている節操《せっそう》のない民族だ」と言われるが、私はそう思わない。⊕日本人は実に賢《かしこ》く永遠とつき合ってきたのだ。

ここは、確実《かくじつ》に⊖、⊕を書くことができましたね。日本人をプラスと考えているということは、時間は回るのか、まっすぐかもプラスかマイナスかを決められそうです。「日本もやはり回る時間の中で生きていた」とありますから、回るほうがプラスです。

前半のところに書き込《こ》みましょう。こんな感じになります。

時間は回るのか、それともまっすぐか？　昔から人間は二つの見方を持っていた。⊕時間が回ると考える民族はマヤや古代ギリシャ、インドがある。日本もやはり回る時間の中で生きていた。

それに対して⊖直線的な時間観を持つ代表的な存在はキリスト教徒。

真ん中のあたりも、西洋人と日本人を対比《たいひ》しています。ここにも書けますね。

西洋人いわく「これはたかだか一五年しかたっていないから」。けれども、日本人の感覚からすれば「回っているから一三〇〇年続いているのだ」となる。

いかがでしたか？　パッと読んでも、プラスかマイナスか判断《はんだん》がつかないこともあるでしょう。そういう時には、**似《に》たような話をしているところや、具体例が書かれているところを探して判断《はんだん》しましょう**。ちなみに、「一五年しかたっていない」「これ」が何のことなのかは、次の章でわかりますよ。

「対比」の問題⑦長い文章にチャレンジ！

では、第7問目。

文章が長くなってきました。いろんなところにマイナスやプラスがあります。見つけたら、どんどん書き込《こ》んでいきましょう。

横浜共立学園中学出題

二〇世紀の常識《じょうしき》では、地域《ちいき》の発展のためには産業が必要だと考えてきました。しかし、

除本理史・佐無田光『きみのまちに未来はあるか？』

二一世紀の経済では、追加費用をかけて、いま以上にモノを増やしていくビジネスモデルは最小限になっていくでしょう。逆に、地域《ちいき》にあるものをそのまま使うことで、費用を節約することができます。大きな投資がなくても、地域《ちいき》の空間や暮らしそのものが、人びとに求《もと》められる「舞台《ぶたい》」となるわけです。

知識や情動が消費されるいまの時代に、もっともふさわしくない開発方式は、「スクラップ・アンド・ビルド」です。地域《ちいき》空間において営々と積み上げられてきた暮らしの風景は、いちど壊《こわ》されたらもとには戻《もど》りません。

スクラップ・アンド・ビルドは、工業化・近代化《きんだいか》の時代には効率的な開発手法《しゅほう》でした。かつては、地域《ちいき》の歴史やその場所のストーリーを「リセット」することこそが開発だ、と考えられていた時代がありました。しかし、建てなおされたその場所は新しくてきれいかもしれませんが、他の場所にも次々と新しいものはできるので、その場所ならではの個性《こせい》を保っていくのはなかなか大変です。

これに対して、歴史のある自然や建物を、完全にスクラップせずに、むしろその雰囲気《ふんいき》を守りつつ、時代にあった機能や意味を加《くわ》えて再生する手法《しゅほう》が「リノベーション」です。第3章でも触《ふ》れたようにリノベーションとはもともと建築用語で、中古の建築物に対して、現代的に機能・価値を再生するために全面的に改修する事業をさします。

今回は長い文章にチャレンジしてもらいました。分けて説明していきましょう。

二〇世紀の常識《じょうしき》では、地域《ちいき》の発展のためには産業が必要だと考えてきました。しかし、二一世紀の経済では、⊖追加費用をかけて、いま以上にモノを増やしていくビジネスモデルは最小限になっていくでしょう。逆に、⊕地域《ちいき》にあるものをそのまま使うことで、費用を節約することができます。大きな投資がなくても、地域《ちいき》の空間や暮らしそのものが、人びとに求《もと》められる「舞台《ぶたい》」となるわけです。

二〇世紀の常識《じょうしき》を否定《ひてい》していますね。そこにも⊖と書いていてもよいでしょう。「追加費用をかけて、いま以上にモノを増やしていくビジネスモデル」は二〇世紀の常識《じょうしき》なのです。

一方、「地域《ちいき》にあるものをそのまま使うこと」がプラスであるのは、先を読んでもわかります。

知識や情動が消費されるいまの時代に、⊖もっともふさわしくない開発方式は、「スクラップ・アンド・ビルド」です。地域《ちいき》空間において営々と積み上げられてきた暮らしの風景は、いちど壊《こわ》されたらもとには戻《もど》りません。

はっきりとマイナスだとわかりますね。

「もっともふさわしくない」と書いています。しばらく「スクラップ・アンド・ビルド」についての説明が続いて、そのあとにプラスの説明に入ります。

これに対して、⊕歴史のある自然や建物を、完全にスクラップせずに、むしろその雰囲気《ふんいき》を守りつつ、時代にあった機能や意味を加《くわ》えて再生する手法《しゅほう》が「リノベーション」です。第3章でも触《ふ》れたようにリノベーションとはもともと建築用語で、中古の建築物に対して、現代的に機能・価値を再生するために全面的に改修する事業をさします。

明確《めいかく》に⊕と書いていなくても、プラスであることはもうわかりますよね。

なぜなら、「スクラップ・アンド・ビルド」がマイナスであり、「これに対して」のあとに説明されているからです。マイナスの反対はプラスだということが読み取れます。

なお、この文章も「常識《じょうしき》②」で出てきたテーマです。どのテーマのことなのか、思いつきますか？「保護⟷開発」がピッタリですね。

✓文章の中からキーワードを読み取ろう

では問題です。

① 「保護」にあてはまる考え方を7字で本文から抜《ぬ》き出しなさい。

② 「開発」にあてはまる考え方を13字で本文から抜《ぬ》き出しなさい。

③ 「保護」「開発」はそれぞれプラスとマイナスのどちらですか。

保護　　　開発

①の正解は、リノベーション。
②の正解はスクラップ・アンド・ビルドです。
③「保護」はプラス、「開発」はマイナスですね。

リノベーションは、旅館やホテルでもありますね。京都にある『ザ・ホテル青龍《せいりゅう》京都清水《きよみず》』は、とてもおもしろくて素晴らしいホテルです。なんと、学校をリノベーションした建物なのです。だから階段も段差

が小さくて「小学校だったんだな」とわかります。校舎の雰囲気《ふんいき》が、あちこちに残っていました。

朝食を食べた場所は元体育館。ここも立派《りっぱ》にリノベーションされていました。

「場所も清水寺《きよみずでら》などの名所の近くなので、京都旅行の際《さい》にはぜひ！」と言いたいところですが、立地も建物も最高だっただけに、値段もなかなかのものでした。

「対比」の問題⑧日本と外国の違いは、よく出題される

では、第8問目に進みましょう。

豊島岡女子学園中学出題

とはいえ、ブランドなしで日本で勝負するのは大変です。なぜなら日本人の多くは、「個人」の力量をしっかり見ようとはしないからです。ブランドがあれば、日本ではあたかもそれが信用証明であるかのごとくに扱《あつか》われて、これまでの仕事の実績などについて細々《こまごま》と何も訊《き》かれません。

一方、ヨーロッパやアメリカでは、ビジネスも日常《にちじょう》生活も、個人対個人の勝負です。特にヨーロッパでは、名刺《めいし》の肩《かた》書きなど何の役にも立たない。そのかわり、自分が訴《うった》えたいことを信念《しんねん》をもって相手に思いきりぶつければ、その思いが通じる可能性《かのうせい》が開けてくる。

今北純一『自分力を高める』

表面的な装飾《そうしょく》で人の中身を判断《はんだん》しがちになってきている日本と、個人の資質という中身で勝負のヨーロッパ。

〈中略〉

当時の私は、まだ自分力というものを何も確立していませんでした。そんな状態《じょうたい》で次の仕事を見つけようともがいていたのだから、毎日がつらくて当然でした。

その点、グレースにはしっかりとした自分力があり、自分の仕事に対する誇《ほこ》りもあった。だから、いつも楽しげに掃除《そうじ》をしていたのだと思います。幸せな人達はみんな、そういう雰囲気《ふんいき》を持っていて、隠《かく》そうとしても隠《かく》せないのです。

日本人の多くと、ヨーロッパやアメリカを比《くら》べています。

さて、どちらがプラス、どちらがマイナスかわかりましたか？

「日本人の多くは、『個人』の力量をしっかり見ようとはしない」とありますね。

これはマイナスのようです。

それに対して、「ヨーロッパやアメリカでは、ビジネスも日常《にちじょう》生活も、個人対個人の勝負」だと書いてあります。とくにヨーロッパでは、「自分が訴《うった》えたいことを信念《しんねん》をもって相手に思いきりぶつければ、その思いが通じる可能性《かのうせい》が開けてくる」とあります。

これは、プラスのようですね。

では、ここで問題。日本とヨーロッパの違《ちが》いをまとめている一文を探し、はじめの4字を書きなさい。

見つけましたか？　では、マイナス、プラスの内容《ないよう》を先に確認しましょう。

とはいえ、ブランドなしで日本で勝負するのは大変です。なぜなら日本人の多くは、「個人」の力量をしっかり見ようとはしないからです。ブランドがあれば、日本ではあたかもそれが信用証明であるかのごとくに扱《あつか》われて、これまでの仕事の実績などについて細々《こまごま》と何も訊《き》かれません。

一方、ヨーロッパやアメリカでは、ビジネスも日常《にちじょう》生活も、個人対個人の勝負です。特にヨーロッパでは、名刺《めいし》の肩書《かたが》きなど何の役にも立たない。そのかわり、自分が訴《うった》えたいことを信念《しんねん》をもって相手に思いきりぶつければ、その思いが通じる可能性《かのうせい》が開けてくる。

表面的《ひょうめんてき》な装飾《そうしょく》で人の中身を判断《はんだん》しがちになってきている日本と、個人の資質という中身で勝負のヨーロッパ。

日本とヨーロッパについてそれぞれ説明したあとに、まとめられていますよね。

先ほどの問題の正解は、「表面的《ひょうめんてき》な」でした。

そのあとの文章にも、さらに対比《たいひ》があることに気がつきましたか？

もしまだ気づいていなければ、先を読む前に、文章に戻《もど》って、⊖と⊕を書き込《こ》みましょう。


⊖当時の私は、まだ自分力というものを何も確立していませんでした。そんな状態《じょうたい》で次の仕事を見つけようともがいていたのだから、毎日がつらくて当然でした。

その点、⊕グレースにはしっかりとした自分力があり、自分の仕事に対する誇《ほこ》りもあった。だから、いつも楽しげに掃除《そうじ》をしていたのだと思います。幸せな人達はみんな、そういう雰囲気《ふんいき》を持っていて、隠《かく》そうとしても隠《かく》せないのです。

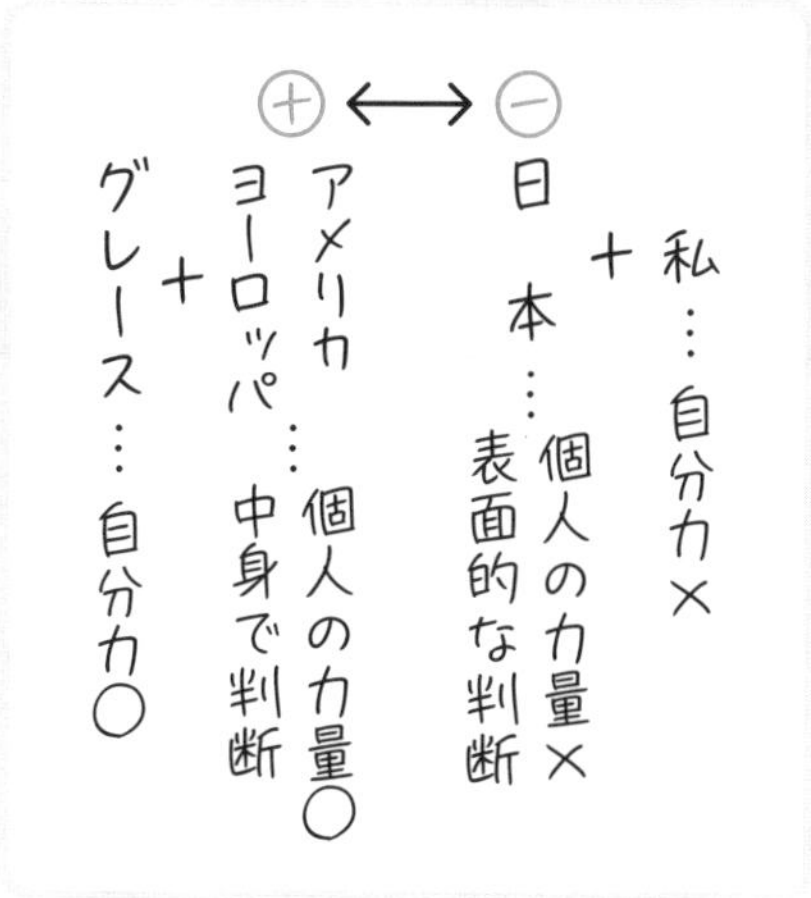

私とグレースを対比《たいひ》していることがわかりますね。
先ほどの日本とヨーロッパの対比《たいひ》に対応《たいおう》しています。上図のような感じです。
文章を読んだり、問題を解いたりする時に、すべての対比《たいひ》を図にしている余裕《よゆう》はありません。線を引いて、⊖と⊕を書き込《こ》むだけで十分です。
ただ、複雑化《ふくざつか》してきた時に、図にしてわかりやすくするのも一つの方法だと知っておきましょう。

✓「対比」の問題⑨問題文に込めたメッセージを読み取ろう

では、ラスト。第9問目です。

明治大学付属明治中学出題

平野啓一郎『本の読み方　スロー・リーディングの実践』

端的《たんてき》に言って、速読とは、「明日のための読書」である。翌日の会議のために速読術で大量の資料を読みこなし、今日の話題のために、慌《あわ》ただしい朝の時間に新聞をざっと斜《なな》め読みする。

それに対して、スロー・リーディングは、「五年後、一〇年後のための読書」である。それは、今日、明日という即効性《そっこうせい》があるわけではないが、長い目で見たときに、間違いなく、その人に人間的な厚みを与え、本当に自分の身についた教養《きょうよう》を授《さず》けてくれるだろう。

「また同じ型《かた》かよ、もう飽《あ》きた…」と思ってもらえましたか？

そう思ってもらえたらうれしいです。

「はっ!?『飽《あ》きた』と言われて喜ぶって変じゃないの？」って？　そんなことはありません。

本当に国語が得意な人は、「はいはい、わかってますよ。こんな話でしょ」と思えるような、全体を見渡すことができる鳥の目を持っているのです。

だから、「飽《あ》きる」ということは力がついた証拠《しょうこ》。「そっか！　対比《たいひ》になっているのか〜。勉強になるなぁ」ではなく、「もう当たり前だよね」と思えるようになっていきましょう。

今回は、前半に書いてある速読がマイナス、後半に書いてあるスロー・リーディングがプラスです。

> 端的《たんてき》に言って、⊖速読とは、「明日のための読書」である。翌日の会議のために速読術で大量の資料を読みこなし、今日の話題のために、慌《あわ》ただしい朝の時間に新聞をざっと斜《なな》め読みする。
>
> それに対して、⊕スロー・リーディングは、「五年後、一〇年後のための読書」である。それは、今日、明日という即効性《そっこうせい》があるわけではないが、長い目で見たときに、間違いなく、その人に人間的な厚みを与え、本当に自分の身についた教養《きょうよう》を授《さず》けてくれるだろう。

「速読」に⊖、「スロー・リーディング」に⊕と書くだけでもまったく問題ありません。むしろ、慣《な》れてきたら線を引く量を減らしても、ちゃんと文章の型《かた》がわかるほうがいいでしょう。

では、この章の最後の問題です。

なぜ、ラストにこの文章を持ってきたのかわかりますか？

それに気づいた人はさすがにいないと思います。

「先生が平野啓一郎《ひらのけいいちろう》氏の小説を好きだから」なんて、それを知っている人は誰《だれ》もいませんよね。

確かに芥川《あくたがわ》賞を受賞した『日蝕《にっしょく》』には衝撃《しょうげき》を受けましたし、『一月物語』も『マチネの終わりに』も好きです。でも、そういうことではありません。

ヒントは文章です。今、読み返してハッと気づいてくれたら十分です。

さて、その理由を説明しましょう。

それは、「国語を得意にするためには、まずスロー・リーディングで勉強するべきだ」と私が考えているからです。

みなさんもすぐに先を読まずに、まずはじっくり文章と向き合ってみてください。

ジーニアスの4年生や5年生前半の国語の授業では、いきなり問題を解いて答え合わせするのではなく、ある程度《ていど》文章を一緒《いっしょ》に読み進めて、文章の構造《こうぞう》を理解《りかい》したり、筆者の主張《しゅちょう》や具体例を確認したりしてから問題を解いてもらっています。

私は、この方法は〝補助輪〟のようなものだと考えています。

自転車に乗れるようになるために、まず補助輪をつけて練習した経験はありませんか？ それと同じように、まず一緒《いっしょ》に読み進めることで、読み込《こ》みのズレができるだけ起きないようにしたいのです。そうやって、読解力《どっかいりょく》がついてからたくさんの問題に挑戦《ちょうせん》することで、効率的に国語の力をつけることができるでしょう。

国語が苦手な場合、問題を解くための技術が足《た》りないというよりも、そもそも文章が読めていないことが多いものです。

第3章以降も、読解《どっかい》のためのテクニックを紹介して練習を積んでいきますよ。

「急がば回れ」ということわざがありますよね。

長い目で見たら、あなたの読解力《どっかいりょく》を向上させ、本当に教養《きょうよう》につながります。

がんばりましょう！

第2章　まとめ

- ✓ 自分の主張《しゅちょう》が正しいと認めてもらうために、自分と反対の主張《しゅちょう》や世の中の常識《じょうしき》を取り上げて否《ひ》定《てい》し、自分の正しさを主張《しゅちょう》する。
- ✓ 対比《たいひ》を見つけたら、⊕、⊖を書いて↔でつなぐ。
- ✓ 慣《な》れてきたら、できるだけ線は短く引く。
- ✓ プラスかマイナスかパッと判断《はんだん》がつかない時、似《に》たような話が書かれているところ、具体例が書かれているところを探して判《はん》断《だん》する。
- ✓ 国語を得意にするためには、まずスロー・リーディングで勉強する。

例

一冊の本を、価値あるものにするかどうかは、読み方次第《しだい》である。たとえば、海外で見知らぬ土地を訪れることをイメージしてみよう。⊖出張で訪れた町を、空き時間のほんの一、二時間でザッと見て回るのと、⊕一週間滞在《たいざい》して、地図を片手に、丹念《たんねん》に歩いて回るのとでは、同じ場所に行ったといっても、その理解《りかい》の深さや印象の強さ、得られた知識の量には、大きな違《ちが》いがあるだろう。

3

説得力のレッスン【自問自答】

筆者の「自問自答」から、文章の理解を進めよう

「自問自答」は、文章を理解するチャンス

前の章では、対比《たいひ》の大切さを繰《く》り返し伝えてきました。

対比《たいひ》は、説得力《せっとくりょく》を高めるために使います。

この本だって、ちょっと普通《ふつう》の問題集や参考書とは違《ちが》いますよね。

違《ちが》いをはっきりさせることで、この本のよさをわかりやすく伝えようとしているのです。

えっ!?　もう買っているから宣伝《せんでん》しなくていいって？　そうですね。

では、気をとり直して自問自答《じもんじとう》の話に移《うつ》りましょう。

親や友達などに話しかける時、

「今日、学校でイヤなことがあったんだけれど、何だと思う？」

「明日が来るのが楽しみだな。なんでだと思う？」

そうやって質問をしたうえで、話し始めることってありますよね。

質問をして話し始めるまでの間、聞く側はいろいろと想像《そうぞう》することができます。

たとえば、「学校で友達とケンカしたのかな？」「明日って土曜日か。何かあったかな？」というようにです。


つまり、この質問は相手の注意を引くためのものでもあるのです。

いきなり「今日、学校でイヤなことがあったんだ。友達とケンカしたんだよね」と一気に話したら、もしかしたら親から熱心に聞いてもらえない可能性《かのうせい》もありますよね。

だから、一度質問をはさむのです。

学校でイヤなことがあったんだけど、何だと思う？
ん？

文章だって同じです。

相手に読んでもらわないといけませんし、「なるほど！」と思ってもらわないと価値のない文章だということになってしまいます。

だからこそ、文章の冒頭《ぼうとう》や途中《とちゅう》には次のような自問自答《じもんじとう》があるのです。

同志社中学出題

では、ぼくらは日常生活《にちじょう》でどんな会話をしているのか。

実は、ぼくたちが会話で使っている言葉には、その言葉本来の意味とは違《ちが》う使い方をしているものがとても多いのです。

金田一秀穂『15歳の日本語上達法』

自分で「どんなものでしょう?」「なぜでしょう?」と質問しておいて、すぐに説明を始める。この部分が、読解《どっかい》をする時にとても大事な場所になるわけです。

質問に対する答えだからこそ、筆者の主張《しゅちょう》や、筆者がいいと思っていることが書かれている可能性《かのうせい》が高いのです。だって、「今日、学校でイヤなことがあったんだけれど、何だと思う?」「何?」「えっとね…友達の〇〇くんとケンカしちゃったんだ…」という会話だったら、きっと伝えたいことは、「〇〇くんとケンカしたこと」ですよね。

この章では、説明文・論説文《ろんせつぶん》の「自問自答《じもんじとう》」から文章の理解《りかい》を進めることを伝えていきます。「自問自答《じもんじとう》」の一文を見つけたら、文章を理解《りかい》するチャンスが来たと思って、まず質問部分に線を引いてください。

そして、その答えになっているところにも線を引き、その間を矢印《やじるし》（←）でつなぎましょう。

先ほどの例では、次のようになります。

では、ぼくらは日常生活《にちじょう》でどんな会話をしているのか。
実は、ぼくたちが会話で使っている言葉には、その言葉本来の意味とは違《ちが》う使い方をしているものがとても多いのです。

「自問自答」の問題①答えは一つとは限らない

では、さっそく第1問目です。質問と答えの部分を探します。

神戸女学院中学部出題

では、どうすれば子どもたちは、絵本から物語の本へと進んでいくことができるのか。
それにはまず大人たちが、絵を見て絵本を選ぶのをやめることだ。

脇明子『絵本から物語へ』

簡単《かんたん》ですね。次のようになります。

では、どうすれば子どもたちは、絵本から物語の本へと進んでいくことができるのか。
それにはまず大人たちが、絵を見て絵本を選ぶのをやめることだ。

「なんだ、簡単《かんたん》すぎるじゃないか」と思うかもしれませんね。
でも、これだけで終わりではありません。
先ほどの章で、スロー・リーディングの話が出てきましたね。
できれば、このたった2行から読み取れることを、もう少し考えてほしいのです。

「まず」とありますよね。ということは、どんなことが考えられますか？
「絵本から物語の本に進む方法は他にもあるんじゃないか？」、そのように頭の片隅《かたすみ》でちらっと考えてほしいのです。「まず」「はじめに」「一つ目に」というような言葉がある場合には、〇で囲んでおくといいですよ。

そして、「次に」「それから」「二つ目に」というような言葉が出てきたら、同じように〇で囲みましょう。こうすることで、複数《ふくすう》の理由があった時に見落としを防《ふせ》ぐことができるのです。

しばらく読み進めると、次の文章が出てきます。

神戸女学院中学部出題

もうひとつは、子どもが物語絵本をしっかり楽しめるようになってきたら、挿絵《さしえ》入りの物語の本もときどきまぜて、「絵を見る」よりも「心のなかに絵を作っていく」ほうがず

脇明子『絵本から物語へ』

っと楽しいのだということを実感《じっかん》させてあげることだ。

「もうひとつは、」のあとにも線を引いておきましょう。

✓「自問自答」の問題②2か所の答えを読み取ろう

では、続いて第2問目です。先ほどと同じような作業をしてくださいね。

海城中学出題

必ず「A＝A」になるとはかぎらないものは、真理とはいえません。だとすれば、「真《しん》実《じつ》の生き方」とは、どのようなものだといえるのでしょうか。

おそらく、こうではないかと思います。もし、「本当の自分は、こう生きるべきだ」という理想《りそう》の姿があったとして、その「理想《りそう》の自分」と「いま現《げん》にある自分」とがイコールになれば、真実《しんじつ》の生き方が実現したということになるのではないか。

もちろん、一〇〇％「A＝A」とまではいかないかもしれません。しかし、かなりイコールに近づけることはできるはずです。「自分らしさを一〇〇％に近く発揮《はっき》できている理《り》想《そう》の自分」と「いま生きている自分」とを、なるべくイコールであるようにすることができたとすれば、真実《しんじつ》の生き方に限《かぎ》りなく近づくといえるだろうと思うのです。

菅野覚明『本当の武士道とは何か』

質問部分は簡単《かんたん》ですね。線を引けたのではないでしょうか。

問題は、質問に対する答えです。「おそらく、こうではないかと思います」のあとに続く文に、線を引いていますよね。でも、あと1か所、線を引いてほしいのです。

もしまだだったら、その場所を見つけてから続きを読んでくださいね。

必ず「Ａ＝Ａ」になるとはかぎらないものは、真理とはいえません。だとすれば、「真《しん》実《じつ》の生き方」とは、どのようなものだといえるのでしょうか。

おそらく、こうではないかと思います。もし、「本当の自分は、こう生きるべきだ」という理想《りそう》の姿があったとして、その「理想《りそう》の自分」と「いま現にある自分」とがイコールになれば、真実《しんじつ》の生き方が実現したということになるのではないか。

もちろん、一〇〇％「Ａ＝Ａ」とまではいかないかもしれません。しかし、かなりイコールに近づけることはできるはずです。「自分らしさを一〇〇％に近く発揮《はっき》できている理《り》想《そう》の自分」と「いま生きている自分」とを、なるべくイコールであるようにすることができたとすれば、真実《しんじつ》の生き方に限《かぎ》りなく近づくといえるだろうと思うのです。

前半の矢印《やじるし》だけでも質問に対する答えにはなっているのですが、後半の矢印《やじるし》も答えです。

・「理想《りそう》の自分」と「いま現《げん》にある自分」とがイコールになればよい
←
・一〇〇%「A＝A」とまではいかないかもしれない
←
・「自分らしさを一〇〇%に近く発揮《はっき》できている理想《りそう》の自分」と「いま生きている自分」とを、なるべくイコールであるようにすることができたとすれば、真実《しんじつ》の生き方に限《かぎ》りなく近づく

こんな展開《てんかい》になっています。そうすると、後半のほうがより正確な答えになっていることがわかりますよね。「ここも答えになっているな」という内容《ないよう》が出てきたら、また線を引いて←を書くということを覚えておいてくださいね。

✓「自問自答」の問題③２か所の質問と答えを読み取ろう

では、第3問目です。質問と答えになる文を←でつないでください。

聖光学院中学出題

では、なぜ、日本の制作者は、ナレーションでの説明を多用するのでしょうか？

その理由は、私もテレビ番組の制作現場にいるので容易に想像《そうぞう》ができます。第五章でも

佐々木健一『「面白い」のつくりかた』

触《ふ》れましたが、ひとつには「ナレーションで説明したほうが丁寧《ていねい》で分かりやすい」と考えられていること。そして「ナレーションがないと画《え》が持たない。チャンネルを変えられ、視聴率も取れない」と思われているからでしょう。そう考えて突《つ》き進んだ結果、気がつけば世界で日本のドキュメンタリー番組は〝ガラパゴス化〟していたのです。

〈中略〉

では、なぜ、彼らは〝語らない〟演出を選んだのでしょうか。

先ほど「クオリティーとは何か？」の結論として、私は次のように述《の》べました。

「作品のクオリティーは〝観客が受け取る情報量〟で決まる」

つまり、良質な作品を創《つく》るには、「いかに観客に多くの情報を受け取ってもらうか」が重要《じゅうよう》なのです。そうした視点で捉えると、実は、

「ナレーションがない方が観客が受け取る情報量は多い」

ということになり得《う》るのです。

まず、質問が二つありますね。そして、それぞれに答えています。

でも、答えは直後にはありませんし、複数《ふくすう》の説明になっているところもありますよね。

気がつきましたか？

第1問で習ったように、答えが複数《ふくすう》ないかどうか確認してから次を読み進めましょう。

では、なぜ、日本の制作者は、ナレーションでの説明を多用するのでしょうか？

その理由は、私もテレビ番組の制作現場にいるので容易に想像《そうぞう》ができます。第五章でも触《ふ》れましたが、ひとつには「ナレーションで説明したほうが丁寧《ていねい》で分かりやすい」と考えられていること。そして「ナレーションがないと画《え》が持たない。チャンネルを変えられ、視聴率も取れない」と思われているからでしょう。そう考えて突《つ》き進んだ結果、気がつけば世界で日本のドキュメンタリー番組は〝ガラパゴス化〟していたのです。


〈中略〉


では、なぜ、彼らは〝語らない〟演出を選んだのでしょうか。

先ほど「クオリティーとは何か？」の結論として、私は次のように述《の》べました。

「作品のクオリティーは〝観客が受け取る情報量〟で決まる」

つまり、良質な作品を創《つく》るには、「いかに観客に多くの情報を受け取ってもらうか」が重要《じゅうよう》なのです。そうした視点で捉えると、実は、

「ナレーションがない方が観客が受け取る情報量は多い」

ということになり得《う》るのです。


うまく書けましたか？

まず前半には、答えとして二つ挙《あ》げられていましたね。第1問で学んだことを生かして、「ひとつには」「そして」に○をつけられたのであれば優秀《ゆうしゅう》です。

習ったことをすぐに生かせるのは賢《かしこ》い証拠《しょうこ》ですよ。

「あぁ、そうだった…」という人も、次に問題で出てきたらやってみましょうね。

この本だけではなく、ぜひ塾《じゅく》や学校で解く問題でも同じようにしてみてください。

この本は、たくさんの手順を踏《ふ》むように伝えていません。最小限のツールにする分、いつも必ずやってほしいことを載《の》せています。

国語を得意にするためには、まず小さなハードルを確実《かくじつ》に越《こ》えていくことを意識《いしき》していきましょう。

「自問自答」の問題④長い文章の「質問」と「答え」をくみ取ろう

では、第4問目に進みましょう。

筑波大学附属中学出題

稲垣栄洋『はずれ者が進化をつくる』

生物はバラバラであろうとします。そして、はずれ者に見えるような平均値《へいきんち》から遠く離《はな》れた個体《こたい》をわざわざ生み出し続けるのです。

どうしてでしょうか。

自然界には、正解がありません。ですから、生物はたくさんの解答を作り続けます。それが、多様性《たようせい》を生み続けるということです。

条件によっては、人間から見るとはずれ者に見えるものが、優《すぐ》れた能力を発揮《はっき》するかもしれません。

かつて、それまで経験《けいけん》したことがないような大きな環境《かんきょう》の変化に直面《ちょくめん》したとき、その環《かん》境《きょう》に適応《てきおう》したのは、平均値《へいきんち》から大きく離《はな》れたはずれ者でした。

そして、やがては、「はずれ者」と呼《よ》ばれた個体《こたい》が、標準《ひょうじゅん》になっていきます。そして、そのはずれ者がつくり出した集団の中から、さらにはずれた者が、新たな環境《かんきょう》へと適応《てきおう》していきます。こうなると古い時代の平均《へいきん》とはまったく違《ちが》った存在になります。

じつは生物の進化は、こうして起こってきたと考えられています。


少し長い文章を取り上げましたが、取り組むことに変わりはありません。


生物はバラバラであろうとします。そして、はずれ者に見えるような平均値《へいきんち》から遠く離《はな》れた個体《こたい》をわざわざ生み出し続けるのです。

どうしてでしょうか。

自然界には、正解がありません。ですから、生物はたくさんの解答を作り続けます。それが、多様性《たようせい》を生み続けるということです。

線は引きましたか？

質問部分として、「どうしてでしょうか」の前から線を引いていても問題ありません。

また、答えの部分として「それが、多様性《たようせい》を生み続けるということです」が入っていても問題ありません。

第2章のところでも話しましたが、ピッタリ一致《いっち》していなくてもいいのです。そんなことは無理ですし、大人がやっても、人によってちょっとずれたりするもの。どんな文章なのかを把握《はあく》するためにしているのですから、だいたいわかっていたらそれでOKです。

さて、答えに当たる「自然界には、正解がありません。ですから、生物はたくさんの解答を作り続けます」だけ読んで、「なるほど～そうだったのか～。勉強になったなぁ」と思う人はいませんよね。ひとまず、「なんとなく言いたいことがわかるような…わからないような…」という程度《ていど》でいいのです。

筆者はもっとわかってもらうため、そのあとにくわしく説明していきます。

・それまで経験《けいけん》したことがないような大きな環境《かんきょう》の変化に直面《ちょくめん》した時、その環境《かんきょう》に適応《てきおう》したのは、平均値《へいきんち》から大きく離《はな》れたはずれ者

・「はずれ者」と呼《よ》ばれた個体《こたい》が生き残り、標準《ひょうじゅん》になっていく←

それを繰《く》り返して、新しい環境に適応《てきおう》していく。だからこそ生物は、はずれ者に見えるような平均値《へいきんち》から遠く離《はな》れた個体《こたい》もたくさん生み出すのです。絶滅《ぜつめつ》しないためには、多様性《たようせい》が重要《じゅうよう》なんですね。

文章の内容《ないよう》が理解《りかい》できましたか？

前半部分だけ読んで「わからない」「難《むずか》しい」とあきらめないでくださいね。

そのあとに、**さらにくわしく説明したり、具体例を出したり、言い換《か》えたりすることでわかりやすくなっている文章がほとんどです**から。

✓「多様性」は、これからの時代のキーワード

今回の文章は、人間にもあてはまることだと思います。

一見《いっけん》、「はずれ者」と思われている人が時代の変化に適応《てきおう》できて、素晴らしい作品を発明《はつめい》したり、危機《きき》を乗り越《こ》えたりするものです。

iPhoneをつくったApple社の創業者《そうぎょうしゃ》であるスティーブ・ジョブズも、かなり変わった人だっ

Apple社創業者
スティーブ・ジョブス
新しい環境に
適応できる力は
はずれ者が
持っているの
かもしれない

たそうです。思い込《こ》みが激《はげ》しかったり、ずっとお風呂に入らなかったり…。

そんな変人だからこそ、インターネットが広まっていく社会の大きな変化の中で、新しいものを発明《はつめい》できたのかもしれませんね。

あなたも、もし周囲から「はずれ者」と思われていても「普通《ふつう》と違《ちが》う」と思われていても、へこむ必要はありません。大きなことを成し遂《と》げる人かもしれないし、新しい環境《かんきょう》に適応《てきおう》できる力を持った人かもしれませんよ。

最近では、**ダイバーシティ**という考え方が当たり前にもなってきました。

ダイバーシティとは、日本語で「多様性《たようせい》」という意味です。

「男性中心主義ではよくない」「女性も同じように活躍《かつやく》できる社会をつくろう」という考え方もその一つ。「国籍《こくせき》や人種《じんしゅ》を問わず、多様《たよう》な人たちで集まっているほうが組織《そしき》として優《すぐ》れている」という考え方も世界的に広がっています。

では、ここで問題です。

経験《けいけん》したことがないような大きな環境《かんきょう》の変化に直面《ちょくめん》した時に適応《てきおう》できるのは、どのような存在ですか。15字と12字で本文から抜《ぬ》き出しなさい。

一つ目はすぐに見つかります。

「経験《けいけん》したことがないような大きな環境《かんきょう》の変化に直面《ちょくめん》した時、その環境《かんきょう》に適応《てきおう》したのは、平均《へいきん》値《ち》から大きく離《はな》れたはずれ者でした」とありますね。

正解は、「平均値《へいきんち》から大きく離《はな》れたはずれ者」です。

では、もう一つはどう探すのか。

じつは、直前直後にはありません。

「『はずれ者』と呼《よ》ばれた個体《こたい》」では、13字なのでオーバーしてしまいます。

こんな時には、**離《はな》れた場所であっても、同じことを言っているところを探しましょう。**

すると、文章の最初のところにある「平均値《へいきんち》から遠く離《はな》れた個体《こたい》」が12字とわかりますよ。

ところで、『はずれ者が進化をつくる』は、桜蔭中《おういん》でも出題されました。今後も稲垣栄洋氏《いながきひでひろ》の作品は、中学受験に出てきそうですね。新刊は要チェックです。

「自問自答」の問題⑤「複数の質問」と「離れた答え」を読み取ろう

では、同じ本からもう1問。第5問目です。

質問が複数《ふくすう》あり、そのうち一つは離《はな》れたところに答えが書いてあります。それをつなぐ練習と思ってくださいね。対比《たいひ》も出てきますよ。

気づいたら、㊀か㊉かも書いてみましょう。

ラ・サール中学出題

稲垣栄洋『はずれ者が進化をつくる』

雑草《ざっそう》は踏《ふ》まれたら、立ち上がりません。どうして、立ち上がろうとしないのでしょうか。

考え方を少し変えてみることにしましょう。

そもそも、どうして踏《ふ》まれたら立ち上がらなければならないのでしょうか？

植物にとって、もっとも大切なことは何でしょうか？

それは花を咲《さ》かせて、種を残すことです。

そうだとすれば、踏《ふ》まれても踏《ふ》まれても立ち上がろうとするのは、かなり無駄《むだ》なエネルギーを使っていることになります。そんな余計《よけい》なことにエネルギーを割《さ》くよりも、踏《ふ》まれながらも花を咲《さ》かせることのほうが大切です。踏《ふ》まれながらも種を残すことにエネルギーを注がなければなりません。

だから雑草《ざっそう》は、踏《ふ》まれても踏《ふ》まれても立ち上がるような無駄《むだ》なことはしないのです。

踏《ふ》まれる場所で生きて行く上で、一番大切なことは、立ち上がることではありません。

踏《ふ》まれたら立ち上がらなければならないというのは、人間の勝手な思い込《こ》みなのです。

もちろん、踏《ふ》まれっぱなしという訳《わけ》ではありません。

踏《ふ》まれて、上に伸《の》びることができなくても、雑草《ざっそう》は決してあきらめることはありません。横に伸《の》びたり、茎《くき》を短くしたり、地面の下の根を伸《の》ばしたり、なんとかして花を咲《さ》かせようとします。もはや、やみくもに立ち上がることなどどうでも良いかのようです。

雑草《ざっそう》は花を咲《さ》かせて、種を残すという大切なことを忘れはしません。大切なことをあきらめることもありません。だからこそ、どんなに踏《ふ》まれても、必ず花を咲《さ》かせて、種を残すのです。

「踏《ふ》まれても踏《ふ》まれても大切なことを見失わない」これこそが、本当の雑草魂《ざっそうだましい》なのです。


質問が二つありましたね。一つ目の「どうして、立ち上がろうとしないのでしょうか」。

この答えはすぐに見つかったはずです。

でも、すぐあとには答えが書かれていません。

「考え方を少し変えてみることにしましょう」とあって、また違《ちが》う質問が続いていました。このあたりを問題にすれば、差がつく難《むずか》しい問題になります。

え!? 離《はな》れたところに解答の根拠《こんきょ》があると、急にできなくなってしまった？なんとなく読んでしまっていたら、そうなるのも当然ですね。だからこそ必要なところに線を引いて、つながりを意識《いしき》することが大切なのです。

では、くわしく見ていきましょう。

雑草《ざっそう》は踏《ふ》まれたら、立ち上がりません。どうして、立ち上がろうとしないのでしょうか。考え方を少し変えてみることにしましょう。

そもそも、どうして踏《ふ》まれたら立ち上がらなければならないのでしょうか？

植物にとって、もっとも大切なことは何でしょうか？

それは花を咲《さ》かせて、種を残すことです。

そうだとすれば、踏《ふ》まれても踏《ふ》まれても立ち上がろうとするのは、かなり無駄《むだ》なエネルギーを使っていることになります。そんな余計《よけい》なことにエネルギーを割《さ》くよりも、踏《ふ》まれながらも花を咲《さ》かせることのほうが大切です。踏《ふ》まれながらも種を残すことにエネルギーを注がなければなりません。

だから雑草《ざっそう》は、踏《ふ》まれても踏《ふ》まれても立ち上がるような無駄《むだ》なことはしないのです。

⊖踏《ふ》まれる場所で生きて行く上で、一番大切なことは、立ち上がることではありません。踏《ふ》まれたら立ち上がらなければならないというのは、人間の勝手な思い込《こ》みなのです。

もちろん、踏《ふ》まれっぱなしという訳《わけ》ではありません。踏《ふ》まれて、上に伸《の》びることができなくても、雑草《ざっそう》は決してあきらめることはありません。横に伸びたり、茎《くき》を短くしたり、地面の下の根を伸《の》ばしたり、なんとかして花を咲《さ》かせようとします。もはや、やみくもに立ち上がることなどどうでも良いかのようです。

⊕雑草《ざっそう》は花を咲《さ》かせて、種を残すという大切なことを忘れはしません。大切なことをあきらめることもありません。だからこそ、どんなに踏《ふ》まれても、必ず花を咲《さ》かせて、種を残すのです。

「踏《ふ》まれても踏《ふ》まれても大切なことを見失わない」これこそが、本当の雑草魂《ざっそうだましい》なのです。

「だから」「だからこそ」に○をつけました。絶対につけなければいけないわけではありませんが、質問に対して答えていることが多いので、「ここは答えだな」と思ったら○をつけられるといいですね。

さて、どうでしたか？　同じように線を引けていなくても大丈夫です。

「解説したことを完璧《かんぺき》に！」と強要《きょうよう》するつもりはありません。

ただ、長い文章の中でとくに大事なところを浮《う》かび上がらせようとすることで、理解《りかい》がラクになること、自然と正しい答えにたどり着けることを目指《めざ》しているのです。
対比《たいひ》にも気づけましたか？

それにしても、素晴らしい文章ですよね。
植物の話をしながら、応援《おうえん》されているような気がしてきませんか？
優《すぐ》れた作品は、専門的なテーマについて話しているのに、「じつは私もそうだ」と共感《きょうかん》できる内容《ないよう》になっていたり、読んでいてはげまされたり、人生にとって役に立つ話をしてくれたりするものなのです。

「踏《ふ》まれても無理に立ち上がる必要なんてないんだ」「踏《ふ》まれても踏《ふ》まれても大切なことを見失わないことが大事なんだ」ということは、人生でも言えることですね。

✓「自問自答」の問題⑥同じ話をしているところを見つけて、つなげよう

ではこの章のラスト、第6問目に進みましょう。自問自答《じもんじとう》になっている文を探して、←でつないでください。

青山学院中等部出題

本川達雄「生物学を学ぶ意味」（『何のために「学ぶ」のか〈中学生からの大学講義〉1』所収）

〈前略〉例えば、永遠に建ち続けられる建物はどう建てたらいい？

一番簡単《かんたん》なのは、絶対に壊《こわ》れない建物をつくること。しかしこれは不可能《ふかのう》だ。かたちあるものはときがたてば絶対に壊《こわ》れる。物理学には熱力学の第二法則というものがあり、ときがたてば秩序《ちつじょ》あるものは必ず無秩序《むちつじょ》になっていくのだ。永遠に続く建物は、絶対に壊《こわ》れないようにするというやり方では建てられない。

壊《こわ》れてきたら直せばいいという考えもある。現存する世界文化遺産《いさん》は大抵《たいてい》そういうふうにしている。法隆寺《ほうりゅうじ》がそうだが、新しい部分と古い部分がごっちゃになっているのだから、腫《は》れ物に触《さわ》るようにして、遺産《いさん》というかたちで保存するしかない。現役《げんえき》でバリバリ働《はたら》けるというものでもない。

では、働《はたら》き続けられる建物をどうすれば建てられるのか？　その答えは伊勢神宮《いせじんぐう》だ。伊勢神宮《いせじんぐう》は式年遷宮《しきねんせんぐう》といって二〇年ごとにまったく同じものを建《た》て替《か》えてしまう。持統天皇以来、一三〇〇年続いているが、今も現役《げんえき》で機能している。これほど長い年月機能し続ける建物は世界でほかにない。まったく同じものを建《た》て替《か》えて続けていくというやり方は、とても賢《かしこ》い方法だ。


まさか、答えの部分を「一番簡単《かんたん》なのは、絶対に壊《こわ》れない建物をつくること」にしていないでしょうね？　ドキッとしたあなた、まだまだですよ。

「えっ!?　だって『一番簡単《かんたん》なのは』って書いてあるじゃないか」と思うかもしれませんが、

直後に「しかしこれは不可能《ふかのう》だ」と否定《ひてい》していますよね。

「あぁ、そうかこれではなかったのか」と思って読み進めていかなければなりません。

ん？ 「だったら書くなよ！」って？ 怒《おこ》らないでください。

だって、こんな感じで会話したことはありませんか？

「どうやったら次の模試《もし》で結果を出せるか？ う〜ん…友達と遊ぶのを全部やめてしまうとか…。いや…それは不可能《ふかのう》だし、イヤだなぁ…」。

この話をしたあと、「あなたは友達と遊ぶのを全部やめると約束したよね？」なんて言われたら、「いやいやいや、すぐ否定《ひてい》しましたよ！」と言うはず。それと同じです。

しばらく読んでいくと、次の段落《だんらく》で「壊《こわ》れてきたら直せばいいという考えもある」とあります。これも一つの答えですが、「遺産《いさん》というかたちで保存するしかない。現役《げんえき》でバリバリ働《はたら》けるというものでもない」と書いてありますから、積極的《せっきょくてき》にいい案であるとは考えていませんよね。ですから、「これだけじゃないんだな」と思って読み進めていく必要があります。

では、どうなるのか見ていきましょう。

〈前略〉例えば、永遠に建ち続けられる建物はどう建てたらいい？

一番簡単《かんたん》なのは、絶対に壊《こわ》れない建物をつくること。しかしこれは不可能《ふかのう》だ。かたちあるものはときがたてば絶対に壊《こわ》れる。物理学には熱力学の第二法則というものがあり、ときがたてば秩序《ちつじょ》あるものは必ず無秩序《むちつじょ》になっていくのだ。永遠に続く建物は、絶対に壊《こわ》れないようにするというやり方では建てられない。

壊《こわ》れてきたら直せばいいという考えもある。現存する世界文化遺産《いさん》は大抵《たいてい》そういうふうにしている。法隆寺《ほうりゅうじ》がそうだが、新しい部分と古い部分がごっちゃになっているのだから、腫《は》れ物に触《さわ》るようにして、遺産《いさん》というかたちで保存するしかない。現役《げんえき》でバリバリ働《はたら》けるというものでもない。

では、働《はたら》き続けられる建物をどうすれば建てられるのか？　その答えは伊勢神宮《いせじんぐう》だ。

伊勢神宮《いせじんぐう》は式年遷宮《しきねんせんぐう》といって二〇年ごとにまったく同じものを建《た》て替《か》えてしまう。持統天皇以来、一三〇〇年続いているが、今も現役《げんえき》で機能している。これほど長い年月機能し続ける建物は世界でほかにない。まったく同じものを建《た》て替《か》えて続けていくというやり方は、とても賢《かしこ》い方法だ。

問題を解く時に、傍線部《ぼうせんぶ》の近くに答えにつながる話がない場合はどうするのか。

そういう時は、**同じ話をしているところを探す**のですが、こうやって、どことどこがつながっているかを書く習慣《しゅうかん》をつけておくと、見つけやすくなりますよ。

第3章　まとめ

- ✓ 人は「何だと思う？」「どうしてだと思う？」と質問することで、相手の注意を引きつける。
- ✓「自問自答《じもんじとう》」は、筆者の主張《しゅちょう》や、よいと思っていることを見つけるチャンス。
- ✓「自問自答《じもんじとう》」を見つけたら、質問と答えに傍線《ぼうせん》を引き、⟵でつなぐ。
- ✓「まず」「はじめに」「一つ目に」は○で囲む。それによって、複数《ふくすう》の理由があった時に見落としを防《ふせ》げる。
- ✓ 文章を読んで「わからない」「難《むずか》しい」とあきらめない。くわしく説明したり、具体例を出したり、言い換《か》えたりして、同じ話をしているところを探す。
- ✓ 多様性《たようせい》（ダイバーシティ）はこれからの時代のキーワード。

例

では、どうすれば子どもたちは、絵本から物語の本へと進んでいくことができるのか。

それにはまず大人たちが、絵を見て絵本を選ぶのをやめることだ。

4

この言葉に注目！【つまり】

「つまり」に注目すれば、点を取りやすくなる

「つまり」「要するに」の直後には、大事なことが書かれている

うまく相手に伝わらない時に、「つまり、こういうことだよ」という説明をした経験《けいけん》はありませんか？　こんな場面です。

相　手「えっ？　あなたの言っていることわからないんだけれど…」
あなた「それはつまり…」

人は誰《だれ》でも、自分の思っていることをうまく相手に伝えられないことがあります。そういう時にどうするか？「は？　わかってよ。もう説明したし」なんて言ってしまっては、関係が悪化《あっか》してしまいますね。私だって、日々うまく伝えられない場面に直面《ちょくめん》します。

私「底辺13㎝、高さ12㎝の三角形の面積だから、13×6＝78となるよね」

生徒「先生、どうして×6になるかわかりません」
私「つまり、高さの12㎝を先に2で割っておくから、×6っていうこと」
生徒「ああ、そういうことかぁ」

「つまり」という言葉は、相手にわかってもらうために日常的《にちじょうてき》に使う言葉です。
説明文や論説文《ろんせつぶん》の筆者も同じ。「一度でわかりやすく伝えてよ」なんて言わないでください。難《むずか》しいことを伝えようとしたら、**いろいろな角度から説明したほうがわかりやすくなるし、説《せっ》得力《とくりょく》が増《ま》します**。パッと説明しただけでわかる人もいるけれど、わからない人もいるでしょうからね。

「わからない人は残念でした、さようなら」では、ひどいし、読んでもらえなくなります。
ですから、「つまり」を使って言い換《か》えて、わかりやすく伝えようと努力するのです。
さて、なぜこの「つまり」をわざわざ取り上げているのでしょうか？
それは、「つまり」を押《お》さえることで、入試問題で点数を取りやすくなるからです。

「つまり」という言葉は、わかりやすく言い換《か》えたり、まとめたりする時に使います。

ということは、**「つまり」の直後に大事なことが書かれている可能性《かのうせい》が高い**ですし、「つまり」以降《いこう》の文に線を引いて意識《いしき》していれば、意味をつかみやすくなるうえ、そのまま答えのポイントになっていることもあるのです。

この章では、**「つまり」が出てきたら〇で囲んで、そのあとの文章に線を引く**という練習をしていきましょう。

え？ 簡単《かんたん》すぎる？ まぁ、そうですね。単純作業をするだけです。

でも、どんな文章なのかは考えながら読んでください。

「要《よう》するに」「言い換《か》えると」も、「つまり」と同じだと考えて作業をしてみてくださいね。

その他に、「このように」「結局《けっきょく》のところ」も、「つまり」と同じように考えていいでしょう。

「つまり」の問題①まずは簡単な例で練習をしよう

では、第1問目です。「つまり」に〇をつけ、後ろの文に線を引きましょう。

聖光学院中学出題

森博嗣『面白いとは何か？　面白く生きるには？』

若者や子供は、新しいものに目を輝かせる。「面白《おもしろ》い」というよりも、「可能性《かのうせい》」のようなものに惹《ひ》かれているのかもしれない。つまり、「面白《おもしろ》そうだ」という感覚である。面白《おもしろ》いかどうかは、試《ため》してみないとわからない。だから「試《ため》してみたい」との欲求《よっきゅう》である。

できましたか？　簡単《かんたん》ですよね。

「つまり」を○で囲んで、そのあとの「『面白《おもしろ》そうだ』という感覚である」に線を引けばいいだけです。これを繰《く》り返してください。きっと、難《むずか》しい文章でも役に立ちます。

たとえば今回の文章であれば、「面白《おもしろ》い」ではちょっと違《ちが》うんだよな、と筆者は考えています。「可能性《かのうせい》」のようなものに若者や子どもが惹《ひ》かれるのです。それを言い換《か》えると「面白《おもしろ》そうだ」ということになるわけです。

「つまり」の問題②「つまり」と同じ意味の言葉を見つけよう

では、第2問目にいきましょう。先ほどと同じ作業をしてください。

淑徳与野中学出題

しかし、妖怪《ようかい》やトトロは生態系《せいたいけい》の象徴《しょうちょう》であると考えると、とうぜん配慮《はいりょ》するべきものであるはずです。ようするに、妖怪《ようかい》（たとえば河童《かっぱ》）やトトロがいるかもしれないな、と思わせるだけの生態系《せいたいけい》を保全することで、人間にとっての生活空間ははるかに豊《ゆた》かさを増《ま》すと思うのです。

服部圭郎『若者のためのまちづくり』

「『つまり』を○で囲めと言われたのに、ありません…。先生のミスですね」なんて言わないでくださいね。同じ意味の「ようするに」がありますよ。これを○で囲んで、そのあとの「妖《よう》怪《かい》（中略）思うのです」まで線を引いてほしい問題です。

「ようするに」の前は、「生態系《せいたいけい》の象徴《しょうちょう》」や「配慮《はいりょ》するべき」といった、ちょっと難《むずか》しく感じられる文章が出てきていますが、「ようするに」のあとはわかりやすくなっています。

それに、これは筆者の言いたいことだと思いませんか？

「人間にとっての生活空間ははるかに豊《ゆた》かさを増《ま》すと思うのです」というのは、筆者の考えです。「つまり」「ようするに」のあとには、筆者の言いたいことが表れやすいのです。

「つまり」の問題③大事なことは「つまり」のあとに書いてある

それでは、第3問目にいきましょう。「つまり」に○をつけ、後ろに線を引きます。

法政大学第二中学出題

加賀野井秀一『日本語の復権』

なるほど、東京での「けっこう広い宅地」が五〇坪《つぼ》であったりすることは、ビバリーヒルズの住人には予測《よそく》しようもあるまいし、「かなりの混雑《こんざつ》」が東京のラッシュ時の殺人的な電車のものであることなど、サハラの遊牧民《ゆうぼくみん》にとっては想像《そうぞう》を絶してもいるだろう。したがって、人種《じんしゅ》の坩堝《るつぼ》であるパリでは、数値《すうち》にたよるしかないのが当然であるということとともに、逆にまた、日本がいかに横並《よこなら》びの均質な社会となり、ビバリーヒルズをもサハラをも想像《そうぞう》しえない所となってしまっているかということにも、私たちは気づかねばなるまい。つまり私たちは、多くの場合、仲間内で理解《りかい》しあうたぐいの言葉しか持ちあわせていないため、外部の人々に対するあいまいさをかもし出しているのである。

はい、作業自体は同じことを繰《く》り返すだけです。「つまり」を○で囲んで、「私たちは、（中略）かもし出しているのである」まで線を引きましたね。

今回は、「つまり」の前に具体例がいくつも書かれています。

まず、家の広さの例です。ビバリーヒルズはアメリカの高級住宅地で、億万長者《おくまんちょうじゃ》がたくさん住んでいます。ビバリーヒルズの人にとっては、二〇〇坪《つぼ》や三〇〇坪《つぼ》の豪邸《ごうてい》が当たり前ですから、東京の五〇坪《つぼ》が「けっこう広い」だなんて想像《そうぞう》もできません。

それに、砂漠《さばく》が広がるサハラの人たちにとって、電車の混雑具合《こんざつぐあい》がどれくらいのものなのかを想像《そうぞう》するのは困難です。まさか人が押《お》し合うくらい乗るなんて…思いもしないでしょう。

続いては、パリの例です。人種《じんしゅ》の坩堝《るつぼ》とは、多様《たよう》な人種《じんしゅ》や民族が一つの場所で溶《と》け合い、新しい一つの文化や社会がつくられている状態《じょうたい》を言います。

パリには、フランス人だけではなく、様々《さまざま》な人種《じんしゅ》の人たちが暮らしています。文化や社会も融合《ゆうごう》していきます。

こうなると、どこまでが自分たちと同じ人種《じんしゅ》なのか、仲間なのか、文化や社会がわからなくなってしまいますよね。だから、実感《じっかん》がなく、数値《すうち》で理解《りかい》するしかないのです。

同じように、日本は横並《よこなら》びで似《に》ているもの同士の社会だから、他の場所を想像《そうぞう》できなくなっているということが書かれています。これを、「つまり」のあとにまとめる形で書いてあります。「いくつかの例をまとめると、こういうことですよ」ということです。

具体例はわかりやすくするためのものですよね。

みなさん、きっとできるだけ省エネで文章を理解《りかい》して点数を取りたいはずです。

それならば、具体例は理解《りかい》するための材料だと思ってさっと読んで、「つまり」のあとが重《じゅう》要《よう》なのだと思っておけばいいのです。

✓「つまり」の問題④【説明文・論説文の常識②】を思い出そう

では、第4問目です。「つまり」に〇をつけ、後ろに線を引きます。

聖光学院中学出題

佐々木健一『「面白い」のつくりかた』

では、なぜ、彼らは〝語らない〟演出を選んだのでしょうか。

先ほど「クオリティーとは何か？」の結論として、私は次のように述《の》べました。

「作品のクオリティーは〝観客が受け取る情報量〟で決まる」

つまり、良質な作品を創《つく》るには、「いかに観客に多くの情報を受け取ってもらうか」が重要《じゅうよう》なのです。そうした視点で捉えると、実は、「ナレーションがない方が観客が受け取る情報量は多い」ということになり得《う》るのです。

もう作業自体は問題ありませんね。

「つまり」の直前、「作品のクオリティーは〝観客が受け取る情報量〟で決まる」を言い換《か》えた文章が、「良質な作品を創《つく》るには、『いかに観客に多くの情報を受け取ってもらうか』が重要《じゅうよう》なのです」となります。

ところで、この部分だけでも「【常識《じょうしき》②】世の中で当たり前だと思われていないことを伝えたい」にあてはまると思いませんか？

普通《ふつう》、ナレーションがあったほうが、情報量が多そうな気がしますよね。でも、そうではありません。「ナレーションがなく、語らないほうが情報量は増え、質のよい作品を創《つく》るために必要なのだ」という話をしているのです。

そんなふうに言われると、「いったいどうしてだろう？」と思いますし、続きが読みたくなってきます。

ただ作業をするだけでなく、「どんな話なのかな？」「これまでに習ったことが出てこないかな？」と思いながら読んでもらえるとうれしいです。

✓「つまり」の問題⑤「具体例」で理解し、「つまり」で主張を読み取ろう

それでは、第5問目に移《うつ》りましょう。「つまり」に○をつけ、後ろに線を引きます。

淑徳与野中学出題

池内了『なぜ科学を学ぶのか』

〈前略〉眼鏡《めがね》は視力の弱い人間への福音《ふくいん》ですが、眼鏡《めがね》をかけるとどんどん度が進み、ますます視力が衰《おとろ》えるようになります。胃を手術して点滴《てんてき》で栄養を摂《と》るようになると胃が食べ物を消化する能力が衰《おとろ》え、しばらくは薬の助けを得なければ栄養が摂《と》れません。エアコンのおかげで猛暑《もうしょ》を凌《しの》ぐことができるようになりましたが、体の汗《あせ》をかく能力が衰《おとろ》えたため、温度が高い所に行っても汗《あせ》をかかなくなり、そのため熱が体内に籠《こも》って熱中症《ねっちゅうしょう》になってしまう患者《かんじゃ》が増えました。

これらは、いずれも人間の肉体は怠《なま》け者にできていて、その部分を使わないと衰《おとろ》えて能力が低下してしまうことを物語っています。つまり、道具や機械が私たちの持つ能力を肩《かた》代《が》わりするようになると、人間が本来的に持つ固有の能力を失っていくということを意味しているのです。実際《じっさい》、計算機を使うようになって暗算や筆算ができなくなったとか、コ

ンピューターでワープロ機能を使うようになって漢字が思い出せなくなった、ということを多くの人が言っています。ある地域《ちいき》で、バスが廃止《はいし》になって自家用車ばかりに乗るようになった結果、糖尿病患者《とうにょうびょうかんじゃ》が増えたというデータもあります。便利さばかりを追求していると、私たちは無能力人間になりかねないという警告です。

「つまり」の前には、具体例がいくつも書かれていますね。眼鏡《めがね》、胃の手術、エアコンなど。そして、「いずれも人間の肉体は怠《なま》け者にできていて、その部分を使わないと衰《おとろ》えて能力が低下してしまうことを物語っています」を言い換《か》えるものとして、「つまり」が使われているのです。

線を引いたあとの文章にも注目してみましょう。

また具体例が続いています。計算機、コンピューター、自家用車など。具体例はわかりやすくするための材料でしたよね。

「具体例」と「筆者の言いたいこと」が両方ある場合、どちらを優先《ゆうせん》するんでしたっけ？

そう、「筆者の言いたいこと」です。具体例は理解《りかい》するための材料だと思って、さっと読みましょう。筆者の言いたいことの中でも、「つまり」のあとが大事なのだという例がまた出てきましたね。

「つまり」の問題⑥何度も「つまり」を繰り返す例

では、第6問目。○と線をつけましょう。

今度は同じ文章で繰《く》り返し「つまり」が出てきます。

横浜雙葉中学出題

吉見俊哉『知的創造の条件』

逆に、たくさん本を読んでいて、文章も書けて、自分はこれを言いたいという気持ちが前に出すぎている学生がいます。こういう人たちの場合、人の話を聴《き》かないというのが最大の弱点《じゃくてん》です。問題点を指摘《してき》すると、その場では「分かりました」と答えるのですが、結《けっ》局《きょく》、自分の考えだけで、多少の見かけ上の修正をして論文をまとめてしまう。こちらが言ったことを、表面的《ひょうめんてき》にしか理解《りかい》しない。つまり、自分の考えや問いへのこだわりがあまりにも強すぎて、異《こと》なる思考《しこう》を受け入れることができず、しばしば煮詰《につ》まってしまうのです。

〈中略〉

本当に創造的《そうぞうてき》な思考《しこう》は相手の話をただ素直《すなお》に聴《き》くことからは出てきません。そこで改《あらた》めて、自身の考えを相手にぶつけるという、もう一方のタイプの学生の出番になります。つまり、素直《すなお》に教師の話を聴《き》くだけの学生は、それなりに優《すぐ》れた論文を書けても、アッと驚《おどろ》くようなものは書けません。研究対象と先行研究、分析枠組《ぶんせきわくぐみ》から結論までを上手にまとめていくことはできて、一定の評価《ひょうか》は得ると思うのですが、読者を感動させるには、まだ何かが足《た》りないのです。それを私は「執念《しゅうねん》」としばしば呼《よ》んでいます。

まず一つ目の「つまり」。どうしてうまくいかないのかをまとめています。たくさん本を読んでいて、文章も書けて、「自分はこれを言いたい」という気持ちが前に出すぎている学生がどうしてうまくいかないのか。「つまり」の前に、最大の弱点《じゃくてん》として「人の話を聴《き》かない」と書かれていますね。そして、どうして人の話を聴《き》かないとよくないのかが、「つまり」のあとに書かれているのです。

次に二つ目の「つまり」。素直《すなお》に教師の話を聴《き》くだけの学生のことを、マイナスの例として取り上げています。

本当に創造的《そうぞうてき》な思考《しこう》という「つまり」の前に書かれている内容《ないよう》が、「アッと驚《おどろ》くようなもの」と言い換《か》えられていますね。なお、ここでは自身の考えを相手にぶつけるタイプがプラスです。

これとこれが同じだということに気づいたら、＝（イコール）で結《むす》べるようになればいいですね。この本の内容《ないよう》が一通りできるようになったら、次に取り組んでみてください。

✓「つまり」の問題⑦難しい文でも「つまり」に注目すればヒントになる

では、第7問目にいきますよ。「つまり」に〇をつけ、後ろに線を引きましょう。

明治大学付属明治中学出題

予定をしただけですでにそれは私の未来の行動を拘束《こうそく》してしまいます。いかにベトナムにいたいと思っても帰ってこなきゃならないということになりますので、すでにそれは数カ月前から私自身の行動を拘束《こうそく》していますから、それは現在と考えるべきで、つまり意識《いしき》化《か》された予定というものが現在なのだということに気がついてまいります。

養老孟司『脳と自然と日本』

この文章、「つまり」のあとだけ読んでも意味がわかりませんよね？

「意識《いしき》化《か》された予定というものが現在なのだ」…ん？　となるほうが自然でしょう。「あぁ、はいはい。意識《いしき》化《か》された予定って現在だよね」と話す人なんて、見たこともありませんよね。たぶん、「あなた…何を言ってるの？」と変な目で見てしまいそうです。

「『つまり』のあとは言い換《か》えたりまとめたりしているのに、わかりにくいなんてひどすぎる！　詐欺《さぎ》だ！　先生は嘘《うそ》つきだ！」なんて言わないでください…。

「今まで説明したことを、少ない言葉で簡潔《かんけつ》にまとめたらこうなりますよ」ということなんです。だから「わからないなぁ」と思ったら、前の具体例を読んで理解《りかい》しようとすればいいのです。

今回はベトナムの例ですよね。「予定しただけで自分の動きが決められてしまう」という話をしていることがわかれば、OKです。

「だったら、こういう時は『つまり』を○で囲んで線を引かなくたっていいじゃないか」って？

いいえ、それでもやってください。難《むずか》しい言葉であっても、それが問題を解く時のヒントになったり、答えるためのキーワードが入っていたりすることがあるからです。

✓「つまり」の問題⑧【説明文・論説文の常識】も使って読み解こう

続いて、第8問目です。「これまで習った常識《じょうしき》もあるな」と思って作業してくださいね。

鷗友学園女子中学出題

稲葉俊郎『からだとこころの健康学』

西洋《せいよう》医学的《いがくてき》な因果論《いんがろん》では、風邪《かぜ》をひくのは、「疲《つか》れていたから」「気温差が激《はげ》しくて体が冷えたから」など、何らかの原因《げんいん》があると考えます。そして、その原因《げんいん》を取り除いたり、現れている症状《しょうじょう》を抑《おさ》えるために薬を処方します。現代では軽い風邪《かぜ》くらいで仕事は休めませんし、少々熱があっても解熱剤《げねつざい》を飲んで出勤する人も少なくありません。こうした人は、症状《しょうじょう》を一刻《いっこく》も早く抑《おさ》え、それまでと同じ日常《にちじょう》に復帰《ふっき》することを優先《ゆうせん》します。

では、伝統医学的《でんとういがくてき》な目的論ではどうでしょうか。つまり、「からだは何のために風邪《かぜ》をひいたのだろうか」「からだは風邪《かぜ》をひくことでどういうメリットがあるのだろう」と考えてみるのです。例えば、からだの目的は風邪《かぜ》をひくことで免疫《めんえき》のシステムを更新《こうしん》して、からだ全体の調整《ちょうせい》をすることなのではないかと考えることもできます。

寒い時季《じき》、からだは「閉《と》じて」います。毛穴はもちろん、骨《ほね》も筋肉も緊張状態《きんちょうじょうたい》にあり、実際《じっさい》に骨《ほね》がぎゅっと締《し》まっている感じがわかると思います。あなたも、寒いときには肩《かた》をグッと縮めたり、知らず知らずのうちに全身に力を入れて緊張《きんちょう》していることがあるでしょう。

そして春になり、暖かくなってくると、ふわっとからだ全体が開いていくのを感じることはありませんか。全身の力がユルユルと抜《ぬ》けて、毛穴も開き、リラックスする。からだが開いてくると、こころも開き、ゆったりとした開放的な気持ちになります。

つまり、季節の変わり目には、からだのシステムが冬の寒さを乗り切るモードから、夏の暑さに備えるモードへと自動的に変化していくので、システム全体を一度更新《こうしん》（アップデート）する必要があるのです。古い秩序《ちつじょ》を壊《こわ》して新たな秩序《ちつじょ》を作り直すことで、免疫《めんえき》システムを変化させていると考えることができます。

一つ目の「つまり」は「伝統医学的《でんとういがくてき》な目的論」の考え方を説明するためのものです。

その前に、「西洋医学的《せいよういがくてき》な因果論《いんがろん》」ならどう考えるかが書いてありましたよね。同じように考えればどうなるのかをわかりやすく説明するために、似《に》たような形にしているのです。

対比《たいひ》があることには気がつきましたか？

「【常識《じょうしき》①】説得力《せっとくりょく》を持たせるために、対比《たいひ》を使う」です。

まだやっていなければ、先ほどの文章に⊕か⊖か書き込《こ》んでみましょう。

西洋医学的《せいよういがくてき》な因果論《いんがろん》はマイナス、伝統医学的《でんとういがくてき》な目的論はプラスになります。

こんな感じで書ければいいですね。

もし、私の解説なしで、⊖、⊕を書き込《こ》めたのであれば、かなり成長した証拠《しょうこ》ですが、念のため解説しておきましょう。

⊖西洋医学的な因果論…なぜ、風邪をひいた
＝疲れていたから

↔

⊕伝統医学的な目的論…何のために風邪をひいた
＝免疫システムの更新
からだ全体の調整

引用した文章の後半で、免疫《めんえき》のシステムについて説明されています。「自然にあわせて免疫《めんえき》システムを変化していく」とあります。

ですから、筆者の言いたいことはこちらだろうと考えられます。

でも、理想《りそう》としては、「どうせ薬を飲んで、さっと治そうとする西洋医学的《せいようがくてき》な因果論《いんがろん》がマイナスなんでしょ？」と思ってほしいのです。

なぜなら、「【常識《じょうしき》②】世の中で当たり前だと思われていないことを伝えたい」ですから。

もしこの文章が、「風邪《かぜ》をひいたら、症状《しょうじょう》を一刻《いっこく》も早く抑《おさ》え、それまでと同じ日常《にちじょう》に復帰《ふっき》しましょう」なんていう文章なら、当たり前すぎて「ふ〜ん…。そんなこと、知ってます」で終わってしまいます。

では、二つ目の「つまり」。こちらのほうが重要《じゅうよう》そうです。

「つまり」の前は、寒い時季《じき》や春に「からだ」がどうなっているかを説明しています。

そして、「つまり」のあとに、それをまとめています。伝統医学的《でんとういがくてき》な目的論のよさを説明するために、自然に合わせた「からだ」の動きを説明しているのです。

✓「つまり」の問題⑨「つまり」と同じ役割の言葉を見つけよう

では、第9問目。今回は、「つまり」はありません。似《に》た言葉に○と線をつけましょう。

洗足学園中学出題

日常《にちじょう》生活世界には、私たちが普段《ふだん》、家族や友人など親しい人々だけでなく大勢の見知らぬ他者のなかで暮らしていけるための圧倒的《あっとうてき》な質量の「類型的」知、「処方箋《しょほうせん》」としての知が息づいているのです。そして私たちは、家庭や学校、友人たちとのやりとりを通して、こうした実践知を身につけ、日常《にちじょう》をなるだけ支障なく暮らしていきます。言い方を換《か》えれば、「類型的」知や「処方箋《しょほうせん》」としての実践知が、私たちの日常《にちじょう》を「あたりまえ」な現実、〝適切に〟知識を使って生きていれば普段《ふだん》はそれ以上反省する必要のないものとして、見事に構築しているのです。

好井裕明『「今、ここ」から考える社会学』

ここで○をつけてほしかったのは、「言い方を換《か》えれば」でした。

そのあとに線を引けているでしょうか?

え!? 線は引いたけれど、何が書いてあるかさっぱりわからないって?

心配いりません。私もわかりません!「いや、あなた先生ですよね?」と思われましたよね?

でも、わからないものは仕方がありません。

この「言い方を換《か》えれば」は、「今まで説明したことを、少ない言葉で簡潔《かんけつ》にまとめたらこうなりますよ」ということなのです。

わからなかったら、前の説明を見て、「こんな話なのかな」と推測《すいそく》しましょう。

✓「つまり」の問題⑩「つまり」と「対比」で読み解こう

では、第10問目。「つまり」とそれに似《に》た言葉2か所に○と線をつけてください。

横浜雙葉中学出題

〈前略〉数日前の自分と今の自分では、ちょっと脳内のシナプスの構造《こうぞう》が変化していて、数日前には面白《おもしろ》いと思っていた話が、今は全然つまらなくなっているかもしれません。そうしたときに、前に書いた文章を消してしまってはいけません。数日前の文章には何が欠けていたのか、なぜ自分の中でこの文章の評価《ひょうか》が違《ちが》って感じられるようになったのかを考え、やり直しではなく修正という仕方で改善を試みるべきだと思います。

つまり、私がここで勧《すす》めているのは自分との対話《たいわ》です。読書は、自分が求《もと》める情報や知識を本の中に探す作業ではありませんし、作者の狙いや考え、結論をそのまま受け入れる作業でもありません。どちらも、すでにお話しした「アタック・ミー！」の授業で厳しく禁じている読み方です。そうではなくて、読書とは、要《よう》するに他者との対話《たいわ》なのです。

吉見俊哉『知的創造の条件』

「つまり」のあとに線を引きましたね。

ここにはもうずばり、筆者の言いたいことが書かれているではありませんか。

だって、「私がここで勧《すす》めているのは自分との対話《たいわ》です」というのは、まさに筆者の主張《しゅちょう》です。「勧《すす》めている」のですから。

習った対比《たいひ》も出てきますね。⊖、⊕を書き込《こ》んでおきましょう。

では、もう一つは何を○で囲めばいいのでしょうか。

それは、最後の行にある「要《よう》するに」です。

「読書とは、要《よう》するに他者との対話《たいわ》なのです」というのは筆者の言いたいことですね。

まとめておきますと、次のように書き込《こ》んでほしかったのです。

〈前略〉数日前の自分と今の自分では、ちょっと脳内のシナプスの構造《こうぞう》が変化していて、数日前には面白《おもしろ》いと思っていた話が、今は全然つまらなくなっているかもしれません。そうしたときに、前に書いた文章を消してしまってはいけません。数日前の文章には何が欠けていたのか、なぜ自分の中でこの文章の評価《ひょうか》が違《ちが》って感じられるようになったのかを考え、やり直しではなく修正という仕方で改善を試みるべきだと思います。

つまり、私がここで勧《すす》めているのは自分との対話《たいわ》です。⊖読書は、自分が求《もと》める情報や知識を本の中に探す作業ではありませんし、作者の狙いや考え、結論をそのまま受け入れる作業でもありません。どちらも、すでにお話しした「アタック・ミー！」の授業で厳しく禁じている読み方です。そうではなくて、読書とは、要《よう》するに⊕他者との対話《たいわ》なのです。

線は、むやみやたらに引いても効果《こうか》はありません。

ここぞという場面に線を引いて、文章の骨格《こっかく》や筆者が言いたいことを浮《う》かび上がらせるのがいいのです。

まず慣《な》れるには、この「つまり」「要《よう》するに」「言い換《か》えれば」を○で囲み、そのあとに線を引く。そして、それが問題を解く時のヒントになるかもしれないと考える。

とにかく、これを続けることです。

第4章　まとめ

- ✓ 人は相手に理解《りかい》してほしいので、いろいろな角度から説明する。
- ✓「つまり」の直後には、大事なことが書かれている。
- ✓「つまり」が出てきたら○で囲んで、そのあとの文章に線を引く。
- ✓ 具体例よりも筆者の言いたいことが重要《じゅうよう》。具体例はわかりやすくするための材料。
- ✓「要《よう》するに」「言い換《か》えれば」も「つまり」と同じ役割。
- ✓ 文章がよくわからなくても、「つまり」のあとに線を引いておくと、答えるためのキーワードが見つかりやすくなる。

例

聖光学院中学出題

森博嗣『面白いとは何か？　面白く生きるには？』

若者や子供は、新しいものに目を輝かせる。「面白《おもしろ》い」というよりも、「可能性《かのうせい》」のようなものに惹《ひ》かれているのかもしれない。つまり、「面白《おもしろ》そうだ」という感覚である。面白《おもしろ》いかどうかは、試《ため》してみないとわからない。だから「試《ため》してみたい」との欲求《よっきゅう》である。

5

この言葉に注目！
【確かに／もちろん】

「確かに／もちろん〜。しかし〜」を見つけて説明文を読み解こう

「確かに」「もちろん」は、筆者の主張が出てくるサイン

「独りよがり」って読めますか？

「ひとりよがり」と読むのですが、私は小学4年生の時に、塾《じゅく》の漢字テストで答えられなかったことを今でも覚えています。悔《くや》しいことってなかなか忘れられないものですよね…。

さて、この章では筆者が独《ひと》りよがりだと思われないために、どんな工夫《くふう》をしているのかを学びます。わかりやすく言い換《か》えると、わがまま、自分勝手と思われないための工夫《くふう》です。

たとえば、あなたが何か主張《しゅちょう》しようと思ったとしましょう。

「お父さんはおならをしないでほしい」。

えっ⁉　もっとまともな例で説明してほしいって？

では、「お父さんはタバコを吸《す》わないでほしい」にしましょう。愛煙家《あいえんか》の方から抗議《こうぎ》があり

郵便はがき

料金受取人払郵便

新宿局承認

3345

差出有効期間
2025年9月
30日まで

163-8791

999

（受取人）

日本郵便 新宿郵便局
郵便私書箱第330号

（株）実務教育出版

愛読者係行

フリガナ お名前		年齢　　　歳 性別　　男・女	
ご住所	〒		
電話番号	携帯・自宅・勤務先　　（　　　　）		
メールアドレス			
ご職業	1. 会社員 2. 経営者 3. 公務員 4. 教員・研究者 5. コンサルタント 6. 学生 7. 主婦 8. 自由業 9. 自営業 10. その他（　　　　）		
勤務先・学校名		所属（役職）または学年	
今後、この読書カードにご記載いただいたあなたのメールアドレス宛に 実務教育出版からご案内をお送りしてもよろしいでしょうか		はい・いいえ	

毎月抽選で５名の方に「図書カード１０００円」プレゼント！

尚、当選発表は商品の発送をもって代えさせていただきますのでご了承ください。

この読者カードは、当社出版物の企画の参考にさせていただくものであり、その目的以外には使用いたしません。

■愛読者カード

【ご購入いただいた本のタイトルをお書きください】

タイトル

ご愛読ありがとうございます。

今後の出版の参考にさせていただきたいので、ぜひご意見・ご感想をお聞かせください。

なお、ご感想を広告等、書籍の PR に使わせていただく場合がございます（個人情報は除きます）。


……………………………該当する項目を○で囲んでください……………………………

◎本書へのご感想をお聞かせください

・内容について	a. とても良い	b. 良い	c. 普通	d. 良くない
・わかりやすさについて	a. とても良い	b. 良い	c. 普通	d. 良くない
・装幀について	a. とても良い	b. 良い	c. 普通	d. 良くない
・定価について	a. 高い	b. ちょうどいい	c. 安い	
・本の重さについて	a. 重い	b. ちょうどいい	c. 軽い	
・本の大きさについて	a. 大きい	b. ちょうどいい	c. 小さい	

◎本書を購入された決め手は何ですか

a. 著者　b. タイトル　c. 値段　d. 内容　e. その他（　　　　　　　　　　　）

◎本書へのご感想・改善点をお聞かせください

◎本書をお知りになったきっかけをお聞かせください

a. 新聞広告　b. インターネット　c. 店頭（書店名：　　　　　　　　　　）
d. 人からすすめられて　e. 著者の SNS　f. 書評　g. セミナー・研修
h. その他（　　　　　　　　　　　　　　　　　　　　　　　　　）

◎本書以外で最近お読みになった本を教えてください

◎今後、どのような本をお読みになりたいですか（著者、テーマなど）

ご協力ありがとうございました。

そうですが、無視します。きっとタバコをやめてもらうために、こんな主張《しゅちょう》をするはずです。

まず①「タバコはくさいからやめて」、②「タバコは身体《からだ》によくないからやめて」といった言い方があります。

①は個人的な感情であるのに対して、②はお父さんの身体《からだ》を気づかっています。いい感じですよね。私も小学生の時に、父親にそう伝えました。

その結果……タバコはやめてくれませんでした…。

もっと説得力《せっとくりょく》のある主張《しゅちょう》をしたかったものです。

さて、あなたならどんな主張《しゅちょう》をしますか？

たとえば②を言った時には、こんな反論《はんろん》が考えられます。

「俺《おれ》の身体《からだ》なんだからいいだろ」と。

①の場合、「じゃあ、外で吸《す》うからいいだろ」。

う〜ん…、なんだか説得《せっとく》できないまま終わってしまいそうですよね。

そこでおすすめしたいのは、新たな手を打つこと。

相手が言ってきそうなことを先に伝えたうえで主張《しゅちょう》する、という方法があるのです。
たとえば、「そんなことは私もわかっている。でも、ダメだ」と言います。
①だったらどうなると思いますか？　ちょっと書いてみてください。

「タバコを吸《す》わないで。［A］と言うかもしれないけれど、マンションの他の人の目も気になるからやめて」

Aには、「外で吸《す》えばいい」といった内容《ないよう》が入ります。きっと会社や家から離《はな》れた場所ではタバコを吸《す》うでしょうが、少なくとも家に帰ってきたら吸《す》いにくくなるはずです。
では、②でやってみましょう。

「タバコを吸《す》わないで。［B］と言うかもしれないけれど、［C］からやめて」

Bに入るのは、もうわかりますよね。「俺《おれ》の身体《からだ》なんだからいいだろ」といった内容《ないよう》が入ります。では、Cはどうでしょう。自分で考えて書いてみましたか？
たとえば、「お父さんが病気になったら私は悲しい」でもいいし、「私の学費《がくひ》を稼《かせ》いでもらわないと困るので、まだ身体《からだ》を壊《こわ》されたら困る」でもいいでしょう（ただ、後者はちょっと冷たいので、前者のほうがいいですね）。

とにかく、Bを否定《ひてい》するような材料が入ればいいのです。

そうすると、ただ「やめて」と伝えるより説得力《せっとくりょく》が増《ま》す言い方になります。

筆者も説得力《せっとくりょく》を持たせるために、**反論《はんろん》されそうなことを先に言ったうえで主張《しゅちょう》する**ものです。ということは、反論《はんろん》されそうなことが書かれていたら、そのあとに筆者の言いたいことが来るというサインです。これを逃《のが》さずに印《しるし》をつける練習をしていきましょう。

よくある型《かた》は「確かに／もちろん、〜A〜。しかし、〜B〜」というものです。例を挙《あ》げると「確かに、アイスを食べれば太る。しかし、私はストレス解消《かいしょう》のために食べたい」というような使われ方をします。すみませんね、個人的な話ばかりで。

「確かに／もちろん〜」の例文

今回の章で難《むずか》しいのは、「確かに／もちろん」という言葉は使っていないけれど、先に反論《はんろん》されそうなことや考えられそうなことを述《の》べていることに気がつく必要がある、という点です。

まずは例を見てみましょう。印《しるし》もつけておきますね。

灘中学出題

極端な意見は昔からあった。それを、ある意味で爽快《そうかい》だと思う風潮《ふうちょう》も昔からあった。しかし、そういうふうに感情に任《まか》せてしまうのはよくないという歯止《はど》めが、社会のどこかに確かに存在した。ネットは、そんな歯止《はど》めをなくし、なくてもいいのだと思わせている。

長谷川眞理子『モノ申す人類学』

「しかし」の前に、筆者が反論《はんろん》されそうなことを先に主張《しゅちょう》する際《さい》に使う「確かに」という言葉はありませんが、今回紹介《しょうかい》したい型《かた》であることはわかりますか？

「感情に任《まか》せてしまうのはよくないという歯止《はど》めが、社会のどこかに確かに存在した」だけでは、「いやそんなことはない。爽快《そうかい》だと思うような評価《ひょうか》をする風潮《ふうちょう》もあったはずだ」という反論《はんろん》が想定されます。

だから、先に書いてあるということです。

この「確かに～」のあとになりそうなところには波線を、「しかし～」のあとになりそうなところには直線を引きましょう。

大事なのは後者です。なぜなら、そこが筆者の強調《きょうちょう》したいところや主張《しゅちょう》したいところだからです。

✓「確かに／もちろん」の問題①まずは基本形から練習をしよう

では、やってみましょう。第1問目。「確かに」のあとになりそうなところには波線を、「しかし」のあとになりそうなところには直線を引きます。

大阪星光学院中学出題

永田和宏『知の体力』

〈前略〉140字で思いが伝えられると思えるだろうか。短歌ではわずか三十一文字で思いを伝えるではないか。名言と言われる文句《もんく》はたいてい短いがそれでも寸鉄《すんてつ》人を刺《さ》すような警句もあるぞ、と言われれば確かに可能ではある。しかし、それらは短い言葉になるまえに、言葉を見つけるまでの圧倒的《あっとうてき》な長さの時間を経てきたものなのだ。さらっと出たものではない。

140字と言えばTwitterですね。私も昔から使っています。ちょっと伝えたいことがある時に便利ですよね。でも、あんまり深く考えずにつぶやく（書き込《こ》む）と危険です。余計《よけい》なことを書いて炎上《えんじょう》したら大変ですから。とくにお酒を飲んだ時には…。

さて、気を取り直して続きを説明しましょう。

筆者はこれを否定的《ひていてき》に見ていますね。こんな感じになります。

〈前略〉140字で思いが伝えられると思えるだろうか。短歌ではわずか三十一文字で思いを伝えるではないか。名言と言われる文句《もんく》はたいてい短いがそれでも寸鉄《すんてつ》人を刺《さ》すような警句もあるぞ、と言われれば確かに可能ではある。しかし、それらは短い言葉になるまえに、言葉を見つけるまでの圧倒的《あっとうてき》な長さの時間を経てきたものなのだ。さらっと出たものではない。

今回は、「確かに～。しかし、～」というわかりやすい形でした。

「先生、『確かに』も○で囲んだほうがいいですか？」という質問が出そうですね。

もちろん囲んでもいいのですが、どちらでもOKです。大切なのは「しかし」のあとです。

✓「確かに／もちろん」の問題②「しかし」に似た言葉に注目しよう

では、第2問目です。「確かに～」のあとになりそうなところには波線を、「しかし～」のあとになりそうなところには直線を引きましょう。

松村圭一郎『うしろめたさの人類学』

吉祥女子中学出題

ほかにも、人にメールを出すとき、「～さま」と書くのか、「～様」と書くのか、「～さん」なのか、「～ちゃん」なのか、「～先生」なのか、誰《だれ》しも迷《まよ》うことがあるだろう。

そこで、自分が「～さん」と書いて、相手が「～様」と返してきたら、「～様」にしたほうがよかったかな、と思い直すかもしれない。「～ちゃん」となっていたら、次のメールからもっとくだけた表現《ひょうげん》を使いはじめるかもしれない。

そんなの宛名《あてな》の書き方にすぎないではないか、と言われるかもしれない。でも、ぼくらの「関係」をかたちづくっているのは、こんな些細《ささい》なことの積み重ねでしかない。

男女が恋愛《れんあい》関係になったとき、最初に「呼《よ》び名」を変えることは、今後ふたりが親密になるための大切なきっかけになる。ふたりの仲が深まったから呼《よ》び名が変わるのではない。呼《よ》び名を変えることで、これから別の深い関係に切《き》り替《か》わることを確認しあっているのだ。

ちょっとはずかしくなってきそうな話ですね。恋愛《れんあい》関係になった時には「呼《よ》び名」が変わるんですって。なかには、もうそういう経験《けいけん》のある〝進んじゃってる人〟もいるのでしょうか。

好きな人を思い浮《う》かべてみましょう。授業でこういうことを言うと「好きな男子なんていません！」「好きな女子なんていないよ」という反応《はんのう》が大多数ですが、これは本だから安心してください。頭の中で考えてみましょう。もし呼《よ》び名を変えるとしたら…。

……ではそろそろ、空想《くうそう》の世界から戻《もど》ってきてくださーい。さて線を引けましたか？　ここです。

そんなの宛名《あてな》の書き方にすぎないではないか、と言われるかもしれない。でも、ぼくらの「関係」をかたちづくっているのは、こんな些細《ささい》なことの積み重ねでしかない。

波線を引いたあとに、具体例として恋愛《れんあい》関係の話になっています。直線のところをわかりやすくするために、具体例が用いられているのです。「でも」は「しかし」と同じ使われ方です。

「確かに／もちろん」の問題③線を引いたら文章と対話してみよう

慣《な》れてきましたか？　では、第3問目に進みますよ。

「確かに」のあとになりそうなところに波線を、「しかし」のあとに直線を引きます。

灘中学出題

彼女《かのじょ》にとって、それは夏休みの自由研究か何かだったかもしれない。だから時間を割《さ》いたとしても彼女《かのじょ》自身にとってはさほどの負担《ふたん》ではなかったかもしれない。しかし、その「作

三宮麻由子『空が香る』

品」をいま、私は図書室から「蔵書《ぞうしょ》」として借りて読んでいるのだ。彼女《かのじょ》は「蔵書《ぞうしょ》」を作ったのである。小さな図書委員としては、そのことにぐっと胸を突《つ》かれた。

線を引くのはもう簡単《かんたん》ですね。それなら少しずつ文章と対話《たいわ》をしましょう。

「どうして筆者はこういうことを書いたのかな？」と。

彼女《かのじょ》にとって、それは夏休みの自由研究か何かだったかもしれない。だから時間を割《さ》いたとしても彼女《かのじょ》自身にとってはさほどの負担《ふたん》ではなかったかもしれない。しかし、その「作品」をいま、私は図書室から「蔵書《ぞうしょ》」として借りて読んでいるのだ。彼女《かのじょ》は「蔵書《ぞうしょ》」を作ったのである。小さな図書委員としては、そのことにぐっと胸を突《つ》かれた。

今回は「しかし」のあとに全部直線を引きましたが、「作ったのである」までもいいでしょう。

さて、どうして波線のような文章を書いたのでしょうか。

もちろん、「蔵書《ぞうしょ》をつくった子はさほど負担《ふたん》ではなかったはず」という反論《はんろん》されそうなことを先に言っただけかもしれませんが、ここで一つ新しいことを伝えます。まずはおさらいです。

・説得力《せっとくりょく》を持たせるために、反論《はんろん》されそうなことを先に言ったうえで主張《しゅちょう》する

このために、「確かに／もちろん〜。しかし〜」の型《かた》を使うという話をしましたね。

ここに、もう一つ加《くわ》えます。

・自分がわかっているアピールをすることで、説得力《せっとくりょく》を持たせる

なんだか筆者を悪い人扱いしているように思われそうですが、そんなことではありません。人は誰《だれ》しもそんなものなのです。たとえばこういう人、いますよね。

「うんうん、あなたの言っていること、よくわかる。でもね…」

こういう時、本当に言いたいことは「あなたの言っていることは、よくわかる」ということではありません。言いたいのはその先。「でもね、あなたが人を傷《きず》つけることを言ったのはよくないから謝《あやま》ろうね」というようなことを続けるのでしょう。

別に、それが悪いとはまったく思いません。優《やさ》しさの表れです。

でも、**言いたいことは「しかし／でも」のあと**です。

今回、筆者は様々《さまざま》な可能性《かのうせい》を考えていることをアピールしているのかもしれません。

「確かに／もちろん」の問題④筆者が強調したい部分に注目しよう

次は、第4問目です。同じ作業をしてみてください。

栄光学園中学出題

でも、食べるという行為《こうい》が今後どのように変わっていくのか、そんな未来の予想はあまりなされません。「食べもの」は、「乗りもの」や「建てもの」と比《くら》べて地味な印象があるかもしれません。あるいは、人間は食べないと生きていけないから、そんなに変わることはないのでは、と思う人もいるでしょう。けれども、食べものの未来を考えることも、とくに若い人たちにとってはとても重要《じゅうよう》です。なぜなら、未来が自分たちの望むとおりに変化してくれればよいのですが、必ずしもそうではない可能性《かのうせい》があるからです。

藤原辰史『食べるとはどういうことか』

これも同じようなパターンですから、簡単《かんたん》に線を引けたのではないでしょうか。

今回は、「しかし」と同じような意味として「けれども」が出てきましたね。

でも、食べるという行為《こうい》が今後どのように変わっていくのか、そんな未来の予想はあまりなされません。「食べもの」は、「乗りもの」や「建てもの」と比《くら》べて地味な印象があるかもしれません。あるいは、人間は食べないと生きていけないから、そんなに変わることはないのでは、と思う人もいるでしょう。けれども、食べものの未来を考えることも、とくに若い人たちにとってはとても重要《じゅうよう》です。なぜなら、未来が自分たちの望むとおりに変化してくれればよいのですが、必ずしもそうではない可能性《かのうせい》があるからです。

もう作業自体は大丈夫ですよね。

「けれども」のあとに筆者の言いたいことが書かれていることもわかると思います。

直線を引いたところに、「とても重要《じゅうよう》です」という言葉がありますね。「重要《じゅうよう》です」「とても」「とくに」といった言葉が出てきたら、「筆者が強調《きょうちょう》して伝えたいところなんだろう」と思って、とくに気をつけておきましょう。

✓「確かに／もちろん」の問題⑤筆者の主張を読み取ろう

第5問目。自問自答《じもんじとう》の質問部分も出てきます。同じ作業をしたら、そのあとの問題にも答えてください。

ラ・サール中学出題

人々が行き交う歩道の隙間《すきま》に、雑草《ざっそう》が生えているのを見かけます。あるものは茎《くき》を横に伸《の》ばしていたり、あるものは大きくなることなく、身を縮ませています。そんな雑草《ざっそう》を見て、何だかかわいそうと思ってしまうかもしれません。地べたで暮らす雑草《ざっそう》たちを惨《みじ》めに思ってしまうかもしれません。しかし、本当にそうでしょうか。

確かに他の植物たちが、天に向かって高々と伸《の》びようとしているのと比《くら》べると、踏《ふ》まれている雑草《ざっそう》は成長していないように見えます。他の植物が高く高くと縦《たて》に伸《の》びているのに、踏《ふ》まれる場所の雑草《ざっそう》は本当に縦《たて》に伸《の》びることをあきらめてしまって良いのでしょうか。

稲垣栄洋『はずれ者が進化をつくる』

本文に書かれている内容《ないよう》として正しいものには〇、正しくないものには×と書きなさい。

①茎《くき》を横に伸《の》ばしていたり、大きくなっていない雑草《ざっそう》はかわいそうな存在である。

②踏《ふ》まれている雑草《ざっそう》は成長していない。

では、まず線を引く作業から確認します。

人々が行き交う歩道の隙間《すきま》に、雑草《ざっそう》が生えているのを見かけます。あるものは茎《くき》を横に伸《の》ばしていたり、あるものは大きくなることなく、身を縮ませています。そんな雑草《ざっそう》を見て、何だかかわいそうと思ってしまうかもしれません。地べたで暮らす雑草《ざっそう》たちを惨《みじ》めに思ってしまうかもしれません。しかし、本当にそうでしょうか。

確かに他の植物たちが、天に向かって高々と伸《の》びようとしているのと比《くら》べると、踏《ふ》まれている雑草《ざっそう》は成長していないように見えます。他の植物が高く高くと縦《たて》に伸《の》びているのに、踏《ふ》まれる場所の雑草《ざっそう》は本当に縦《たて》に伸《の》びることをあきらめてしまって良いのでしょうか。

ん!? 先が読みたくなりましたか? そうだとうれしいです。

だって、「『確かに』があって、質問もあるのだから答えも次にあるはずだ」と思えますよね。

もしかすると、憤慨《ふんがい》している人もいるかもしれません。

「これまでは、『しかし』の先まで読ませたじゃないか。気になるから教えてくれ」と。

もしそう思ったら、今回三度も登場した『はずれ者が進化をつくる』を、ぜひ買って読んでみてください。

では、解説を続けます。

今回は、波線を引ける文が「かわいそうと思ってしまうかもしれません。(中略)惨《みじ》めに思ってしまうかもしれません」という部分と、「成長していないように見えます」という部分の2か所ありましたが、これらはどちらも筆者の言いたいことでしょうか? そうではないでしょうか？
もうおわかりだと思いますが、筆者の言いたいことではありませんよね。
だから、①も②も×ということになります。

✓「確かに／もちろん」の問題⑥重要な言葉「このように」に注目しよう

では、ラストの第6問目。波線と直線を引ける文を探しましょう。

浦和明の星女子中学出題

もちろん、必ずいつも得をするとは限《かぎ》らない。交換に失敗することもあるだろう。商品を買い被《かぶ》りすぎた場合がそうだ。観測《かんそく》ミスといえる。しかし、それよりも多いのは、自分の気持ちの予測《よそく》が充分《じゅうぶん》にできなかった場合である。未来に起こる事象《じしょう》を見誤《みあやま》った場合にも、同様《どうよう》の結果となる。これらはいずれも、観察《かんさつ》不足が原因《げんいん》である。同じ失敗をしないように、何故《なぜ》見誤《みあやま》ったのかを検討し、その後の予測《よそく》に活《い》かすことが、損をしないために重要《じゅうよう》と思われる。

このように、自分の気持ちによってものの価値が決まるということに気づくことが、お金を無駄《むだ》にしないうえで最も重要《じゅうよう》な点といえる。

森博嗣『お金の減らし方』

「もちろん」「しかし」は見つかりましたね。でも、どこに線を引くのか、ちょっと迷《まよ》った人もいるかもしれません。

「深く考えずに全部引いたよ」という人はそれでもいいのですが、「商品を買い被《かぶ》りすぎた場合がそうだ」は具体例ですし、重要度《じゅうようど》は高くなさそうです。

また、今回は「このように」というまとめの言葉がありますよね。その後ろにも線を引けましたか？　では、確認してみましょう。

もちろん、必ずいつも得をするとは限《かぎ》らない。交換に失敗することもあるだろう。商品を買い被《かぶ》りすぎた場合がそうだ。観測《かんそく》ミスといえる。しかし、それよりも多いのは、自分の気持ちの予測《よそく》が充分《じゅうぶん》にできなかった場合である。未来に起こる事象《じしょう》を見誤《みあやま》った場合にも、同様《どうよう》の結果となる。これらはいずれも、観察《かんさつ》不足が原因《げんいん》である。同じ失敗をしないように、何故《なぜ》見誤《みあやま》ったのかを検討し、その後の予測《よそく》に活《い》かすことが、損をしないために重要《じゅうよう》と思われる。

このように、自分の気持ちによってものの価値が決まるということに気づくことが、お金を無駄《むだ》にしないうえで最も重要《じゅうよう》な点といえる。

「重要《じゅうよう》です」「とても」「とくに」というような言葉が出てきたら、「筆者が強調《きょうちょう》して伝えたいところなんだろう」と思ってとくに気をつけておくように、と解説しましたね。

それに、「このように」というのはまとめの言葉にあたるので、「つまり」と同じような働《はたら》きがあります。他にも「最も重要《じゅうよう》な点」という言葉もあります。

問題を解く時の根拠《こんきょ》になりそうな場所を示《しめ》すフレーズです。

✓説明文を読み解くための一つのテクニック

本書は入門編であり、取り上げていないテーマやテクニックは他にもありますが、ここで一つ紹介《しょうかい》したいと思います。

もし先ほどの文章で、「自分の気持ちの予測《よそく》が充分《じゅうぶん》にできなかった場合」に線を引いたのなら、必ず「未来に起こる事象《じしょう》を見誤《みあやま》った場合」にも線を引いてください。


並列《へいれつ》関係のものは一つだけを答えにしてはいけません。


「自分の気持ちの予測《よそく》が充分《じゅうぶん》にできなかった場合である。未来に起こる事象《じしょう》を見誤《みあやま》った場合にも、同様《どうよう》の結果となる。これらはいずれも、観察《かんさつ》不足が原因《げんいん》である」

四角で囲んだところからわかることは、前の二つは並列《へいれつ》関係ということです。

言い換《か》えると、同じようなものだということ。

自分の気持ちの予測《よそく》が充分《じゅうぶん》にできなかった場合
未来に起こる事象《じしょう》を見誤《みあやま》った場合
↓
観察《かんさつ》不足が原因《げんいん》

その片方だけに線を引いたり、問題に答える時に片方だけ書いたりするのは、絶対に避《さ》けてください。それは正しい答えではありません。

たとえば、こんな文章があったとします。

「私は、アイスクリームが好きだ。また、ポテトチップスも同様《どうよう》に好きな食べ物である。これらはいずれも、カロリーが高いおやつであり、食べすぎれば体重が増える原因《げんいん》になる」

ここで、「私が好きな食べ物は何ですか？」という質問があったとします。

あなたならどう答えますか？

「答えは、アイスクリームです」と言ったら、「ちょっと待ってよ。ぼくのことを忘れないでよ」とポテトチップスから文句《もんく》を言われそうです。

そうです。嘘《うそ》を言ったわけではないけれど、「アイスクリームです」だけでは明《あき》らかに不足していますよね。好きなものを二つ挙《あ》げているのですから、両方答えるか、内容をまとめたものを答えることを意識《いしき》しましょう。

「アイスクリームとポテトチップスです」と答えるのが一番しっくりしますね。

質問が「私が好きな食べ物にはどんな特徴《とくちょう》がありますか？」だったら、「高カロリーで、食べすぎれば体重が増える原因《げんいん》になるという特徴《とくちょう》」と答えればいいのです。

アイスクリーム
ポテトチップス
↓
高カロリーで食べすぎれば体重が増える原因《げんいん》になる

並列《へいれつ》関係のうち、片方だけを答えてしまうことで不正解になってしまうのはよくあるので、気をつけてくださいね。

第5章　まとめ

- ✓人は、説得力《せっとくりょく》を持たせるために反論《はんろん》されそうなことを先に言ったうえで主張《しゅちょう》する。
- ✓「確かに／もちろん～。しかし～」は筆者の主張《しゅちょう》が出てくるサイン。

例

〈前略〉140字で思いが伝えられると思えるだろうか。短歌ではわずか三十一文字で思いを伝えるではないか。名言と言われる文句《もんく》はたいてい短いがそれでも寸鉄《すんてつ》人を刺《さ》すような警句もあるぞ、と言われれば確かに可能ではある。しかし、それらは短い言葉になるまえに、言葉を見つけるまでの圧倒的《あっとうてき》な長さの時間を経てきたものなのだ。さらっと出たものではない。

- ✓「確かに～」のあとに波線、「しかし～」のあとに直線を引く。大事なのは後者。
- ✓「重要《じゅうよう》です」「とても」「とくに」と強調《きょうちょう》して伝えたい言葉が出てきたら、とくに気をつける。
- ✓「つまり」と同じ働《はたら》きをするまとめの言葉は、問題を解く時の根拠《こんきょ》になりやすい。

例

要するに、言い換《か》えれば、このように

- ✓並列《へいれつ》関係のものは一つだけを答えにしてはならない。

6

主張と具体例

言いたいこと（主張）とわかりやすい例（具体例）の区別がポイント

ここまでの復習をしよう

「対比《たいひ》」「自問自答《じもんじとう》」「つまり」「確かに〜。しかし〜」、この四つのポイントを意識《いしき》してもらうために本を書き進めてきました。


いよいよ本書の最後、五つ目のポイントの紹介《しょうかい》です。

テーマは「主張《しゅちょう》と具体例」。とても重要《じゅうよう》です。


「そんなに重要《じゅうよう》なポイントなら、第3章くらいでやればよかったんじゃないの？」と思うかもしれませんね。

確かに一般的《いっぱんてき》な参考書なら、もっと重点的《じゅうてんてき》に学習するポイントです。

でも、私は確実《かくじつ》にできるものから習得《しゅうとく》してもらうことを意識《いしき》しています。

いくら大事なポイントだからといって難《むずか》しいものを先に持ってきてしまったら、疲《つか》れて読み進めてもらえなくなってしまうかもしれません。

つまり、脱落《だつらく》して結局《けっきょく》国語が不得意なままになってしまうことは避《さ》けたい。

だから本書では「自問自答《じもんじとう》」「つまり」といった、すぐに気づけるポイントを優先《ゆうせん》して紹介《しょうかい》してきたのです。


…もう気づきましたか？　そう、これまでの復習をしているのです。

なんとなく読んでいたらダメですよ！　スロー・リーディングが大切です。

もう一回前の文章を読み返してみると…。はい。ここまで勉強してきた「対比《たいひ》」「自問自答《じもんじとう》」「つまり」「確かに〜。しかし〜」を全部盛《も》り込《こ》んだ文章にしてみました。

では、おさらいはここまで。次は「主張《しゅちょう》と具体例」の説明に移《うつ》ります。

✓「主張」と「具体例」を考えながら読んでみよう

まず、少し長い文章ですが、どこが筆者の主張《しゅちょう》で、どこが具体例なのかを考えながら次の文章を読んでください。

対比《たいひ》があったり、まとめたりしているものもありますから、気づいたら印《しるし》を書き込《こ》んでくださいね。

芝中学出題

斎藤環「つながること認められること」（『学ぶということ〈続・中学生からの大学講義〉1』所収）

〈前略〉社会とのつながりにおいて人から承認《しょうにん》されることが、ほとんどの人が持っている自信の拠《よ》り所《どころ》で、承認《しょうにん》はとても重要《じゅうよう》な意味を持つ。まだ社会的なポジションが定まっていなくても、偉大《いだい》な業績を残していなくても、自信を持つことができるとしたら、それは承《しょう》認《にん》の力なのです。

Facebookを利用したことがある人はわかると思いますが、あの「いいね！」ボタンこそが承認《しょうにん》です。Twitterだとフォロワー数とかリツイートの数が承認《しょうにん》に当たります。いまやSNSは、人からの承認《しょうにん》を数値化《すうちか》できるという身もふたもないものになりましたが、ある意味わかりやすい。バイト先の冷蔵庫に自分が入った写真をツイートするなど、いわゆるバカッターという現象が流行《はや》ったことがありました。全世界から馬鹿《ばか》にされ炎上騒《えんじょうさわ》ぎになりましたが、あれをやった人たちは「バカな行為《こうい》」を承知の上で、仲間内で笑いを取り承認《しょうにん》してほしいがためにやったのでしょう。承認稼《しょうにんかせ》ぎが暴走《ぼうそう》すること、これがバカッター―のメカニズムです。

このように逸脱《いつだつ》したケースを見ると、いまの若い世代がどれだけ承認《しょうにん》されることに対して飢《う》えているか、それ以外の自信の拠《よ》り所《どころ》を失っているかがよくわかる。かつては家柄《いえがら》や家の財産、成績がいい、スポーツができる、絵の才能があるなど、誰《だれ》もが認める客観的な能力評価《ひょうか》から自信を得ることもありましたが、いまはちがいます。能力があってもなくても承認《しょうにん》がすべてだからです。人に認めてもらって、ついでに「いいね！」ボタン一〇〇個くらい押《お》してもらってなんぼです。承認《しょうにん》されない能力は価値がないのです。

では、少しずつ説明していきましょう。

〈前略〉社会とのつながりにおいて人から承認《しょうにん》されることが、ほとんどの人が持っている自信の拠《よ》り所《どころ》で、承認《しょうにん》はとても重要《じゅうよう》な意味を持つ。まだ社会的なポジションが定まっていなくても、偉大《いだい》な業績を残していなくても、自信を持つことができるとしたら、それは承認《しょうにん》の力なのです。

ここは具体例ではないですね。筆者の言いたいことなのだろうと考えましょう。なんだか難《むずか》しそうな話に見えるかもしれません。「『承認《しょうにん》はとても重要《じゅうよう》な意味』って何だよ。『承認《しょうにん》の力』？」、そう思う人がきっといるはずです。

だから、この先はすぐに具体例が出てきてわかりやすく説明されています。

今回はFacebookやTwitterです。

Facebookを利用したことがある人はわかると思いますが、あの「いいね！」ボタンこそが承認《しょうにん》です。Twitterだとフォロワー数とかリツイートの数が承認《しょうにん》に当たります。いまやSNSは、人からの承認《しょうにん》を数値化《すうちか》できるという身もふたもないものになりましたが、ある意味わかりやすい。バイト先の冷蔵庫に自分が入った写真をツイートするなど、いわゆるバカッターという現象が流行《はや》ったことがありました。全世界から馬鹿《ばか》にされ炎上騒《えんじょうさわ》ぎになりましたが、あれをやった人たちは「バカな行為《こうい》」を承知の上で、仲間内で笑いを取り承認《しょうにん》してほしいがためにやったのでしょう。承認稼《しょうにんかせ》ぎが暴走《ぼうそう》すること、これがバカッターのメカニズムです。

ここまで読むと「『承認《しょうにん》』ってそういうことか！」とわかるはずです。

小学生だと、まだ実感《じっかん》がわかないかもしれません。だって、「SNSをやっていてツイートしてフォロワー数1000人超《こ》えています」とか「インスタに写真をアップしています」という小学生はほとんどいないはず…。そもそも規約《きやく》でやってはいけないと言われているものもあるでしょう。

でも、なんとなく気持ちはわかるのではないでしょうか？「YouTubeチャンネル登録お願いします！」っていう言葉、聞いたことがある人もいるかもしれません（あれは承認欲求《しょうにんよっきゅう》というより、人を集めて再生回数を増やし、さらに広告《こうこく》を見せてお金を稼《かせ》ぎたいってことかもしれませんが…)。

じつは、私たちもYouTubeチャンネルを持っているんですよ。その名も『0時間目のジーニアス』。算数の入試問題や語彙《ごい》コントなどを紹介《しょうかい》しています。今のところ広告《こうこく》収入はゼロなので、お金を稼《かせ》ぐためではないことはわかりますね?

そう、みんなの勉強のためにやっているのです。決して、承認欲求《しょうにんよっきゅう》を満たすためではありませんよ!

それでも、再生回数が1万回を超《こ》えた動画が出てくるとうれしいものです。

『0時間目のジーニアス』、チャンネル登録お願いします!

「おぉ、たくさんの人に見てもらっているな」とやる気がわきます。でも、「承認稼《しょうにんかせ》ぎを暴走《ぼうそう》させて馬鹿《ばか》なことはやらないようにしたいな」と、この文章を目にして改《あらた》めて感じました。

では、続きを読んでいきましょう。

このように逸脱《いつだつ》したケースを見ると、いまの若い世代がどれだけ承認《しょうにん》されることに対して飢《う》えているか、それ以外の自信の拠《よ》り所《どころ》を失っているかがよくわかる。⊕かつては家柄《いえがら》や家の財産、成績がいい、スポーツができる、絵の才能があるなど、誰《だれ》もが認める客観的な能力評価《ひょうか》から自信を得ることもありましたが、⊖いまはちがいます。能力があってもなくても承認《しょうにん》がすべてだからです。人に認めてもらって、ついでに「いいね!」ボタン一〇〇個くらい押《お》してもらってなんぼです。承認《しょうにん》されない能力は価値がないのです。

「このように」というのは、ここまでをまとめている言葉でしたね。できれば○で囲んで、そのあとに線を引いてほしいところです。そして、「いまの若い世代」がマイナスとわかるので、対比《たいひ》で出てきた「かつて」の具体例はプラスということになります。

この段落《だんらく》は具体例も出ていますが、ここまでの話をまとめて筆者の言いたいことが書かれています。

今回は具体例が言いたいことにサンドされている形でした。このように、途中《とちゅう》で具体例がサンドされていると「そういうことが言いたいのか」とわかりやすく

なって読んでもらえるのです。

じつは私も同じ手法《しゅほう》を使っていました。

途中《とちゅう》で具体例をいくつも出したのを覚えていますか？

アイスクリームを食べたい話、お父さんに禁煙《きんえん》をお願いする話…といろいろありました。

たくさんの人に読んで理解《りかい》してもらいたいからこそ、具体例を用いるのです。

難しい主張も、具体例を見つけて理解しよう

では、続いての文章です。

一行目から心が折《お》れそうになりますが、がんばって読みましょう。

渋谷教育学園渋谷中学出題

別の観点から見ますと、科学的客観性は個物《こぶつ》を真の意味でとらえることができない。もちろん、歴史学や地理学などを見ればわかるように、個物《こぶつ》はけっして科学一般《いっぱん》から排除されるわけではありませんが——話が古くなりますが、こうした諸学をヴィンデルバントは個性記述的《こせいきじゅつてき》（idiographisch）と呼《よ》んで、科学の一員として承認《しょうにん》しました——、それでも厳密《げんみつ》な意味では科学は個物《こぶつ》の個物性《こぶつせい》には興味《きょうみ》がないのです。

中島義道『哲学の教科書』

この段落《だんらく》を読んで、文章の意味がよくわかったなら、教えることなどありません。卒業です。おめでとうございます。もうこの本は閉《と》じて、遊びに行っちゃってください。

でも、そういう小学生はほとんどいないはず…。だって「厳密《げんみつ》な意味では科学は個物《こぶつ》の個物性《こぶつせい》には興《きょう》味《み》がない」ですよ？「ヴィンデルバントが個性記述的《こせいきじゅつてき》と呼《よ》んだ？」ほとんど書いてあることがわかりません…。しかも、大事そうな話です。

でも、すぐあきらめる必要はありません。文章の続きを載《の》せます。「具体例」「つまり」に注目。ここまで習ったことを生かして読み進めたら、なんとなく意味がわかってきますよ。具体例に印《しるし》、「つまり」に○をつけて後ろに線を引きましょう。

渋谷教育学園渋谷中学出題

例えば、医者がたまたまある子の心臓病の特異性に興味《きょうみ》をもったとしても、その医者にとってとくにこの子のこの心臓に興味《きょうみ》があるわけではない。同じ特異性をもつなら、ほかの子のほかの心臓病にも彼《かれ》は同じように興味《きょうみ》をもつのです。同じ特異な心臓病の子供二人に対して、とくにあの子ではなくこの子を助けたいという気持ちが前面に出てきたら、むしろ彼《かれ》は科学者として失格でしょう。つまり、科学者はときに個物《こぶつ》に興味《きょうみ》を注いでいるように見えますが、その場合とてその個物《こぶつ》のかけがえのない個物性《こぶつせい》に向き合っているわけではない。いかなる個物《こぶつ》を対象にしようと、やはりそれを同種のものの一つとして観察《かんさつ》しているにすぎません。

中島義道『哲学の教科書』

具体例が出てきましたよね。「これは必ずやってください」とまでは言いませんが、「具」でも「例」でもよいので印《しるし》を書いておくと、「ここは具体例だから理解《りかい》するための文章であって、言いたいことではないな」とわかりやすくなります。

「つまり」も出てきましたね、〇はつけましたか？　線は引きましたか？

具 例えば、医者がたまたまある子の心臓病の特異性に興味《きょうみ》をもったとしても、その医者にとってとくにこの子のこの心臓に興味《きょうみ》があるわけではない。同じ特異性をもつなら、ほかの子のほかの心臓病にも彼《かれ》は同じように興味《きょうみ》をもつのです。同じ特異な心臓病の子供二人に対して、とくにあの子ではなくこの子を助けたいという気持ちが前面に出てきたら、むしろ彼《かれ》は科学者として失格でしょう。つまり、科学者はときに個物《こぶつ》に興味《きょうみ》を注いでいるように見えますが、その場合とてその個物《こぶつ》のかけがえのない個物性《こぶつせい》に向き合っているわけではない。いかなる個物《こぶつ》を対象にしようと、やはりそれを同種のものの一つとして観察《かんさつ》しているにすぎません。

こういう難解《なんかい》な文章になると、線を引く作業の重要性《じゅうようせい》が増《ま》していきます。こんな感じです。

具体例で「ああ、そういうことか」とわかれば、少し霧《きり》が晴《は》れてくるかもしれません。

「この子のこの心臓だけに興味《きょうみ》があるというのではなく、同じような病気なら、同じように興《きょう》味《み》を持つってことだな。科学者として助けたい子とそうでない子を分けたらよくないってことだな」というようなことがわかればいいのです。

私の文章を読んで「ああ、そういうことか」と思ってもらえれば今は十分ですが、それすら読んでピンとこない人もいるでしょう。だったら、「とにかく『つまり』のあとが大事だから、ここが言いたいことなんだな」と思って読み進めていけばＯＫです。

難《むずか》しいからといってあきらめるのではなく、できる作業をやって考えていけば、少しは理解《りかい》できるようになったり、問題に答えられるようになったりしていきます。

では、次はいよいよ最終章。

記述問題のレッスンです。難関校の入試問題にチャレンジしますよ。

第6章　まとめ

- ✓ 人は、わかりやすいと思ってもらうために具体例を入れる。
- ✓ 途中《とちゅう》に具体例をサンドすると、話がわかりやすくなる。
- ✓ 筆者の言いたいことが難《むずか》しいと思ったら、具体例から何となく言いたいことを理解《りかい》すればよい。
- ✓ 具体例には 具 などの印《しるし》を書いておくとよい。そこは言いたいところではない。

例

このように逸脱《いつだつ》したケースを見ると、いまの若い世代がどれだけ承認《しょうにん》されることに対して飢《う》えているか、それ以外の自信の拠《よ》り所《どころ》を失っているかがよくわかる。⊕かつては家柄《いえがら》や家の財産、成績がいい、スポーツができる、絵の才能があるなど、誰《だれ》もが認める客観的な能力評価《ひょうか》から自信を得ることもありましたが、⊖いまはちがいます。能力があってもなくても承認《しょうにん》がすべてだからです。人に認めてもらって、ついでに「いいね！」ボタン一〇〇個くらい押《お》してもらってなんぼです。承認《しょうにん》されない能力は価値がないのです。

7

「記述問題」の入り口

記述問題の「入門編」で、解き方を身につけよう

✓記述問題は、たくさんの文章に触れて型を知ることが大事

「記述問題は難《むずか》しいからパス。何を書いていいのかよくわからない」と思ったことはありませんか？　確かに記述問題は難《むずか》しいです。ただ、これは記述問題が苦手というより、「深く読解《どっかい》できていないから、何を書いていいのかわからない」という場合のほうが多いのです。

ですから、たくさんの文章に触《ふ》れて、型《かた》を知ることを優先《ゆうせん》しましょう。

「そうは言っても対策《たいさく》したい」という人もいますよね。

そこで入門編として、「対比《たいひ》」を使った記述問題を中心に練習をしていきましょう。

「対比《たいひ》」と「因果関係《いんがかんけい》（理由）」がキーワードです。

このどちらか、あるいは両方を入れて書く可能性《かのうせい》を頭に入れてくださいね。

記述問題①「対比」「因果関係」を使う記述問題に触れてみよう

では、まず問題を解いてみますよ。

吉祥女子中学出題（一部抜粋）

とはいうものの、畑や道端《みちばた》で、雑草《ざっそう》の栄枯盛衰《えいこせいすい》を見ているうちに、一つの傾向《けいこう》がはっきり感じとれる。というのは、日本在来《ざいらい》の雑草《ざっそう》がいたく減って、そのかわり、舶来種《はくらいしゅ》がいたるところでのさばっているのである。春の七草はまだよいけれど、秋の七草ともなれば尾《お》花《ばな》（ススキ）とクズとを除いては、野山からほとんど姿を消して、むしろ山野草ブームの中で庭で栽培されているのを見かける方が多い。そして空地には、一むかし前は舶来《はくらい》の雑《ざっ》草《そう》で鉄道草とか貧乏草《びんぼうぐさ》とか渾名《あだな》のついているヒメムカシヨモギが繁茂《はんも》するならわしだったのに、今では黄いろの房穂《ふさほ》をいちめんにつけて二メートル以上にそびえ立つセイダカアワダチ草が猖獗《しょうけつ》をきわめていること、すべての人がご存じのとおりである。セイダカアワダチ草の花粉が喘息《ぜんそく》をひきおこすというのは真実《しんじつ》ではなく、あらぬ濡《ぬ》れぎぬを着せられたのだが、ただこの草の強力無比《きょうりょくむひ》な繁殖力《はんしょくりょく》の前にはかの鉄道草さえたじたじと後退《こうたい》したことはたしかである。アワダチ草は、ただそこらの空地を占領《せんりょう》しただけでなく、スカイラインなどの開発に伴《ともな》って山の上まで登ってゆく。コカコーラ並みの普及《ふきゅう》ぶりといってよい。

杉浦明平『雑草世界の近代化』

問　「かの鉄道草さえたじたじと後退《こうたい》した」とは具体的にどういうことですか。五十字以上六十字以内で具体的に説明しなさい。

✓悩んだら、「分解」して「言い換える」

「どういうことですか」と説明させる問題は、要《よう》するに**「言い換《か》え」**です。

わかりやすく言い換《か》えることが求《もと》められています。

どう書いていいか悩《なや》んだら、**まず分解《ぶんかい》してみましょう。**

かの鉄道草さえ①／たじたじと後退《こうたい》した②

まず①です。「鉄道草」とは何のことかを言い換《か》えましょう。

「一むかし前は舶来《はくらい》の雑草《ざっそう》で鉄道草とか貧乏草《びんぼうぐさ》とか渾名《あだな》のついているヒメムカシヨモギ」とありますね。鉄道草＝ヒメムカシヨモギです。

次に、「かの～さえ」の部分を言い換《か》えましょう。「～であっても」「～すら」ということです。

「かの有名な塾《じゅく》でさえ、コロナ対応《たいおう》はうまくできなかった」というような使い方をします。

次に②です。「後退《こうたい》した」とはどういうことか言い換《か》えましょう。

文章中にある言葉では「減った」「ほとんど姿を消した」になりますね。「たじたじと」というのは言葉を知らないと書くことはできなさそうですが、プラスかマイナスかと言えばどちらでしょうか？　これはマイナスですね。どうしても思いつかない時は、マイナスであることを意識《いしき》して書けば、そんなに外れた答えにはなりません。以上をまとめれば次のようになります。

> 一昔前は空地に多く繁茂《はんも》していたヒメムカシヨモギであっても、数を減らしたということ。

文章中では「一むかし前」という表記でしたが、解答を「一昔前」と漢字にしても問題ないでしょう。

記述問題は、指定された文字数と「要素」が重要

「ふぅ…。1問解説が終わった…」というわけではありません。だって、まだ41字しかないのです。

「五十字以上六十字以内で」とありますから、あとちょっと足《た》さないといけませんよ。

「じゃあ、ひらがなにしたり、だらだら文章を書いたりして字数を稼《かせ》ごう」と思って、次のような文章にしたとしましょう。

一昔前には空地にたくさん繁茂《はんも》していたヒメムカシヨモギであっても、数をかなり減らしていったということ。

ちょうど50字！「私が俗《ぞく》に言う天才です」なんてわけありません。

もちろん字数指定がある時に、無理やり言葉をつけ足《た》してその範囲内《はんいない》にするテクニックもありますが、それは最後の手段《しゅだん》です。まずはこう考えましょう。

何か要素《ようそ》が足《た》りないのではないか？

「何か足《た》りない、困っちまう。じゃあ適当《てきとう》に足《た》しておこう」…なんて、あてもなく答えを書いてはいけません。

こんな時に使えるのは、**「対比《たいひ》」と「因果《いんが》関係（理由）」**です。

✓「対比」を使ってみよう

もし対比《たいひ》を使う場合、鉄道草と何かを対比《たいひ》しましょう。

日本在来《ざいらい》の雑草《ざっそう》…数を減らした

舶来種《はくらいしゅ》⟷
舶来種であるヒメムカシヨモギ…数を増やした

または、

舶来種《はくらいしゅ》であるヒメムカシヨモギ…数を減らした
⟷
セイダカアワダチ草…数を増やした

このどちらかを使えそうです。前者なら次のようになります。

日本在来の雑草《ざっそう》に代わって一昔前は多く繁茂《はんも》していたヒメムカシヨモギであっても、数を減らしたということ。

後者なら次のようになります。

一昔前は多く繁茂《はんも》していたヒメムカシヨモギであっても、数を減らし、セイダカアワダチ草が増えたということ。

これでいいのです。字数もおさまりがいいですし、要素《ようそ》が追加されました。

どちらがよいか？　答えは後者です。なぜだと思いますか？

それは、聞いていることが後者だからです。

「たじたじと後退《こうたい》した」ことを聞いているので、そこを具体的に説明するといいでしょう。

「因果関係（理由）」＝「なんでそうなるの？」を考えてみよう

では、次に因果《いんが》関係を使う場合、どんな記述になるのかやってみましょう。

難《むずか》しく考える必要はありません。「なんでそうなるの？」と考えるのです。

「どうしてヒメムカシヨモギは減ってしまったの？」の理由を解答に入ればＯＫです。

その原因《げんいん》は、「セイダカアワダチ草の強力《きょうりょく》無比《むひ》な繁殖力《はんしょくりょく》」ですね。

すると、こんな答えになります。


一昔前は多く繁茂《はんも》していたヒメムカシヨモギであっても、より繁殖力《はんしょくりょく》の強いセイダカアワダチ草に押《お》されて減ったということ。

記述問題は「８割取ればいい」と考えよう

これで満点を取れる可能性《かのうせい》のある解答になりました。

「ん？　可能性《かのうせい》？　最後まで先生らしくないなぁ。ナイフのような思考回路《しこうかいろ》で満点の答案を見せつけてくれよ」と思われたかもしれませんね…。

それは、無理です。先生だって満点の答案は書けないものです。

なぜなら、どの要素《ようそ》が求《もと》められているのか迷《まよ》うこともあるからです。


学校解答を紹介《しょうかい》しておきますが、この通りに書けるようになる必要はありません。

「記述問題は8割取れればいい」と考えましょう。試験時間も限《かぎ》られている中で、学校の先生が求《もと》める完璧《かんぺき》な答案など書けるはずがないのです。


大事なことは、**言い換《か》えること。**

そして、**よりよい記述にするために「対比《たいひ》」と「因果《いんが》関係（理由）」を使おう**と意識《いしき》することです。

吉祥女子中学の解答

一昔前は空地に繁茂《はんも》していた舶来《はくらい》のヒメムカシヨモギだったが、より繁殖力《はんしょくりょく》の強いセイダカアワダチ草に押《お》されて減ったということ。

✓記述問題②「対比」と「因果関係」、「言い換え」をもっと練習！

では、続きの話でもう1問。気づいたところに印《しるし》をつけながら、読み進めましょう。

吉祥女子中学出題（一部抜粋）

杉浦明平『雑草世界の近代化』

このように外国原産の雑草《ざっそう》がはびこっているということは、反対に日本産の雑草《ざっそう》がほろんでしまうというほどでないにしても、衰退《すいたい》して片隅《かたすみ》に押《お》し込《こ》められたことを意味しよう。

その現象は、わたしの耕作している二反五畝《にたんごせ》の畑にもはっきりあらわれている。さきにふれたエノコログサをはじめチカラシバやメヒシバのようなイネ科の雑草《ざっそう》は、繁殖力旺盛《はんしょくりょくおうせい》でしつこくて今もわたしを苦しめてやまぬけれど、それでも舶来《はくらい》のイタリアン・ライグラスがそばで茂《しげ》りだすと、国産雑草《ざっそう》中の強剛《きょうごう》たちもまったく影《かげ》が薄《うす》くなってしまう。もう一種、土にへばりついて葉腋《ようえき》ごとに根を張って草取りに苦労させるが、春には美しい瑠璃色《るりいろ》の花を目のように開いて見せるイヌノフグリも小型の日本種はほとんど消えうせて、外国渡来の大イヌノフグリがもっぱら縄張《なわば》りをひろげているし、蓼《たで》食う虫も好きずきと諺《ことわざ》にまでうたわれたタデも草むらからすっかり姿をひそめて、そのかわりにかなり早く渡来したイヌタデが猛威《もうい》をたくましくしていると思ったら、この数年来、新しい舶来種《はくらいしゅ》で巨大な大イヌタデが進出してきた。そのためにかつて畑に少なくなかったスミレやホトケノザのひなびた可憐《かれん》な花はめったに見かけられなくなった。

じっさい、畑や道端の雑草《ざっそう》の六十～七十パーセントは舶来《はくらい》の雑草《ざっそう》によって占《し》められている。種類の数ではなく、その占拠《せんきょ》する面積の比率である。

こういうことになったのは、舶来種《はくらいしゅ》がたくましく繁殖力旺盛《はんしょくりょくおうせい》なためだけではなく、農業のいわゆる近代化《きんだいか》が急激《きゅうげき》に進んだせいでもあろう。農薬が相対的《そうたいてき》には小さくてひよわな日本の雑草《ざっそう》を根絶《ねだ》やしにしたうえ、トラクター等による深耕《しんこう》によってちっぽけなスミレやホトケノザ等々は土の底深く根ごと葉ごと埋《う》められてしまうが、二十センチ三十センチの深い土を押《お》し分けて地上に芽を出すだけの力をもっていない。従来の鋤《すき》や鍬《くわ》による耕起《こうき》なら、しかるべき季節となれば、かぶった土をわけて芽を日光の下に出すことができたのに、トラクターにかかっては永遠の闇《やみ》の中で根も葉も朽《く》ちはてる以外の運命はない。

このように雑草《ざっそう》の世界では大きな変化がほぼ完了《かんりょう》しようとしているが、これを雑草界《ざっそうかい》の近代化《きんだいか》と名づけてよいだろう。日本文化や精神の世界は雑草《ざっそう》と同じではないとはいえ、まったく無関係とはいえない。雑草《ざっそう》を通しても今の日本人の精神や文化のありかたや姿がいくらか見透《みとお》せるのではなかろうか。

問　「雑草界《ざっそうかい》の近代化《きんだいか》」とはどういうことですか？　四十字以上五十字以内で具体的に説明しなさい。

文章に印をつけてみよう

長い文章であっても、これまで習ったことを使って、大事な部分を浮《う》き上がらせていきましょう。

このように外国原産の雑草《ざっそう》がはびこっているということは、反対に日本産の雑草《ざっそう》がほろんでしまうというほどでないにしても、衰退《すいたい》して片隅《かたすみ》に押《お》し込《こ》められたことを意味しよう。

【具】その現象は、わたしの耕作している二反五畝《にたんごせ》の畑にもはっきりあらわれている。さきにふれたエノコログサをはじめチカラシバやメヒシバのようなイネ科の雑草《ざっそう》は、繁殖力旺盛《はんしょくりょくおうせい》でしつこくて今もわたしを苦しめてやまぬけれど、それでも舶来《はくらい》のイタリアン・ライグラスがそばで茂《しげ》りだすと、国産雑草《ざっそう》中の強剛《きょうごう》たちもまったく影《かげ》が薄《うす》くなってしまう。もう一種、土にへばりついて葉腋《ようえき》ごとに根を張って草取りに苦労させるが、春には美しい瑠璃色《るりいろ》の花を目のように開いてみせるイヌノフグリも小型《こがた》の日本種はほとんど消えうせて、外国渡来の大イヌノフグリがもっぱら縄張《なわば》りをひろげているし、蓼《たて》食う虫も好きずきと諺《ことわざ》にまでうたわれたタデも草むらからすっかり姿をひそめて、そのかわりにかなり早く渡来したイヌタデが猛威《もうい》をたくましくしていると思ったら、この数年来、新しい舶来種《はくらいしゅ》で巨大な大イヌタデが進出してきた。そのためにかつて畑に少なくなかったスミレやホトケノザのひなびた可憐《かれん》な花はめったに見かけられなくなった。

じっさい、畑や道端の雑草《ざっそう》の六十～七十パーセントは舶来《はくらい》の雑草《ざっそう》によって占《し》められている。種類の数ではなく、その占拠《せんきょ》する面積の比率である。

こういうことになったのは、舶来種《はくらいしゅ》がたくましく繁殖力旺盛《はんしょくりょくおうせい》なためだけではなく、農業のいわゆる近代化《きんだいか》が急激《きゅうげき》に進んだせいでもあろう。農薬が相対的《そうたいてき》には小さくてひよわな日本の雑草《ざっそう》を根絶《ねだ》やしにしたうえ、トラクター等による深耕《しんこう》によってちっぽけなスミレやホトケノザ等々は土の底深く根ごと葉ごと埋《う》められてしまうが、二十センチ三十センチの深い土を押《お》し分けて地上に芽を出すだけの力をもっていない。従来の鋤《すき》や鍬《くわ》による耕起《こうき》なら、しかるべき季節となれば、かぶった土をわけて芽を日光の下に出すことができたのに、トラクターにかかっては永遠の闇《やみ》の中で根も葉も朽《く》ちはてる以外の運命はない。

このように雑草《ざっそう》の世界では大きな変化がほぼ完了《かんりょう》しようとしているが、これを雑草界《ざっそうかい》の近代化《きんだいか》と名づけてよいだろう。日本文化や精神の世界は雑草《ざっそう》と同じではないとはいえ、まったく無関係とはいえない。雑草《ざっそう》を通しても今の日本人の精神や文化のありかたや姿がいくらか見透《みとお》せるのではなかろうか。


「具体例 **具**」は、文章をわかりやすくするためのものでした。

そこに答えそのものが書かれているとは考えにくいですよね。長い文章ですが、例のところはさらっと読んでしまいましょう。

その先のまとめている部分がわからなかったら、具体例に戻《もど》って「あぁ。こういうことが言いたいのか」とわかればいいのです。

✓因果関係を考えてみる

では問題を解いていきます。

「これを雑草界《ざっそうかい》の近代化《きんだいか》と名づけてよいだろう」とあることから、「これ」の正体は前に書いてあります。直前にある言葉は「雑草《ざっそう》の世界では大きな変化がほぼ完了《かんりょう》しようとしている」です。これが何のことを言っているのかを説明すればいいのです。

どうしてこんな変化が起こったのか、因果《いんが》関係（理由）を意識《いしき》して説明する問題です。

具体例の直後に書かれてあります。

「舶来種《はくらいしゅ》がたくましく繁殖力旺盛《はんしょくりょくおうせい》なためだけではなく、農業のいわゆる近代化《きんだいか》が急激《きゅうげき》に進んだせいでもあろう。」、これだけで約五十字。抜《ぬ》き出しではないのでそのまま書き写してはいけませんが、ここから調整《ちょうせい》すれば答えになります。

「舶来種《はくらいしゅ》がたくましく繁殖力旺盛《はんしょくりょくおうせい》なため」は、そのまま使ってもOKです。なぜなら、その前に具体例があってまとめている言葉だからです。

でも、『農業のいわゆる近代化《きんだいか》が急激《きゅうげき》に進んだ』って何だよ？」と思うはずですよね。はじめて出てきました。これがその先でくわしく説明されていますから、もっとわかりやすい表現《ひょうげん》に言い換《か》える必要があります。

✓言い換えに適した言葉を見つけよう

え!? どうやって判断《はんだん》するのかって？ 今回は、「雑草界《ざっそうかい》の近代化《きんだいか》が進んだ」とはどういうことかと聞いていますよね。そうなると、「農業の近代化《きんだいか》が進んだ」では説明になっていませんよね。「近代化《きんだいか》とは何か」を問われているのに、「近代化《きんだいか》」と答えてはいけません。

そこで、トラクターが登場します。

そして、小さいスミレやホトケノザなどは「土の底深く根ごと葉ごと埋《う》められてしまう」と書いてあります。これがどういうことか、字数に合うように書けばいいのです。

繁殖力旺盛《はんしょくりょくおうせい》な舶来種《はくらいしゅ》が増え、農業でトラクターを使うため小さいスミレやホトケノザが埋《う》められてしまうこと。

「舶来種」と対比されているのは何？

これでも部分点はもらえます。

とりあえずこのレベルまで書けば、大きく差をつけられることはありません。でも、解答をもう少しよくしたいですね。

因果《いんが》関係（理由）はすでに使っています。

そこで、対比《たいひ》を使うことを意識《いしき》しましょう。舶来種《はくらいしゅ》は何と比《くら》べていますか？

舶来種《はくらいしゅ》は、在来種《ざいらいしゅ》と対比《たいひ》されています。在来種《ざいらいしゅ》が減っているということです。

スミレやホトケノザも在来種《ざいらいしゅ》ですから、ここも在来種《ざいらいしゅ》とまとめればよいでしょう。

正解まであと少し！　原因は「トラクター」と「何か」

次に、農業でトラクターを使ったことだけが原因《げんいん》ではなく、農業自体が原因《げんいん》になっています。

ちょっと難《むずか》しいけれど、がんばってついてきてくださいね。

「農薬が相対的《そうたいてき》には小さくてひよわな日本の雑草《ざっそう》を根絶《ねだ》やしにしたうえ、トラクターなどによる深耕《しんこう》によってちっぽけなスミレやホトケノザ等々は土の底深く根ごと葉ごと埋《う》められてしまう」まで読むと、農薬もトラクターも原因《げんいん》なのだとわかりますね。農薬とトラクターは並列《へいれつ》関係だったのです。そのうちの片方だけを答えにしてはいけません。

それを踏《ふ》まえて解答をつくりましょう。学校解答は次の通りです。

吉祥女子中学の解答

在来種《ざいらいしゅ》に比《くら》べて繁殖力《はんしょくりょく》が旺盛《おうせい》な舶来種《はくらいしゅ》がはびこり、農薬とトラクター等が在来種《ざいらいしゅ》をさらに衰退《すいたい》させていること。

さっきも言いましたが、ここまで書けるようになることは、入試本番でも求《もと》められていません。

合格するのに必要なのは、6割や7割の点数です。8割取ったら十分です。「そこまでだったらなんとか書けるようになるかも」と思ってもらえたらうれしいですし、学んだことを継続《けいぞく》して使っていきましょうね。

記述問題③最後の問題にチャレンジ！　学んだことをすべて使おう

では、最後の入試問題です。気づいたところに印《しるし》をつけながら読み進めましょう。

女子学院中学出題（一部抜粋）

次の絵をご覧いただきたい。私が幼稚園教員免許《めんきょ》を取得するために学んだ教科書に載《の》っていたものだ。今でも子どもと接するときには、常に念頭に置いている座右《ざゆう》の書ならぬ、座右《ざゆう》の絵になっている。

一体どんな絵かと言うと、ある幼稚園で三歳《さい》の子どもが書いた自画像だという。もし皆さんのご家庭に三歳《さい》の子供がいたとして、「これボクだよ」「ワタシだよ」と持ってきたらどんな反応《はんのう》を示《しめ》すだろうか。

表面上《ひょうめんじょう》は「うまく描《か》けたね」と言うかもしれないが、内心は、「なぜ白目なの？」「顔はもっと丸いでしょ」「はやく絵画教室に通わせなきゃ」などと思うかもしれない。

でも、担任の先生は、この子どもは何を伝えようとしているのかと思い、直接尋《たず》ねてみたところ、「ぼく、おひるねしたよ」という思いがけない言葉が返ってきたという。つまり、昼寝《ひるね》をしているのだから、当然、目の玉はなくていいのである。さらにこの子どもは、「寝ているときは横向きになっているよ」と言ったそうだ。それだから体が横に伸《の》びている。そしてまた「寝ているときはおしゃべりしないから口を閉《と》じてるよ」「口は閉《と》じていても鼻でちゃんと息をしてるから大丈夫だよ」と事細かく説明してくれたそうだ。

そう言われれば、一見稚拙《いっけんちせつ》に見えるこの絵も、［⑧］様子をありありと描《か》いた絵に見えてくる。もし大人の立場から「こう描《か》きなさい」などと指導したら、いかに的外れなことだろうか。せっかくの表現力《ひょうげんりょく》を大人の理解《りかい》不足で台無しにしてしまいかねない。

阿純章『「迷子」のすすめ』

教科書には、「この幼児は、顔という『もの』を描《か》こうとしているのではなく、寝ていたという『こと』を表そうとして様々《さまざま》な工夫《くふう》をしているのである」と説明がされている。

それでは逆に大人にはこのような絵は描《か》けるだろうか？　大人の絵はつい知識や概念《がいねん》が先行してしまう。もし大人同士が集まって自分の似顔絵《にがおえ》を描《か》きましょうということになったら、みな真っ先に鏡を見たり、写真を見たりして、似《に》てるか似《に》てないか、上手く描《か》けるか描《か》けないかということを気にしだすだろう。そういう意識《いしき》で描《か》かれた絵は、それがいかに自分に似《に》せて描《か》けたとしても所詮《しょせん》はコピー、ニセモノでしかない。

その一方で、この子どもが描《か》いた絵は、似《に》てる似《に》てない、上手《うま》い下手《へた》という次元《じげん》を超《こ》えて、ありのままの真実《しんじつ》である。ここに大人と子どもの世界の越《こ》えられない大きな壁《かべ》がある。

⑨ピカソは「子どものように描《か》くのに一生涯《しょうがい》かかった」と言ったそうだ。ピカソの絵画活動とは、生涯《しょうがい》をかけて子どもの世界を取り戻《もど》すことだったのかもしれない。

問八　⑧に、子どもの絵について説明する文を入れるとしたら、どのような文が入りますか。二十五字以上三十五字以内で書きなさい。

問九　――⑨「子どものように描《か》く」とありますが、大人と子どもはそれぞれどのように絵を描《か》きますか。説明しなさい。

どちらも対比《たいひ》を使って解く問題ですね。

まずは、印をつけよう

まず、文章に次のような印《しるし》をつけましたか？

次の絵をご覧いただきたい。私が幼稚園教員免許《めんきょ》を取得するために学んだ教科書に載《の》っていたものだ。今でも子どもと接するときには、常に念頭に置いている座右《ざゆう》の書ならぬ、座右《ざゆう》の絵になっている。

一体どんな絵かと言うと、ある幼稚園で三歳《さい》の子どもが書いた自画像だという。もし皆さんのご家庭に三歳《さい》の子供がいたとして、「これボクだよ」「ワタシだよ」と持ってきたらどんな反応《はんのう》を示《しめ》すだろうか。

表面上《ひょうめんじょう》は「うまく描《か》けたね」と言うかもしれないが、内心は、「なぜ白目なの？」「顔はもっと丸いでしょ」「はやく絵画教室に通わせなきゃ」などと思うかもしれない。

でも、担任の先生は、この子どもは何を伝えようとしているのかと思い、直接尋《たず》ねてみたところ、「ぼく、おひるねしたよ」という思いがけない言葉が返ってきたという。つまり、昼寝《ひるね》をしているのだから、当然、目の玉はなくていいのである。さらにこの子どもは、「寝ているときは横向きになっているよ」と言ったそうだ。それだから体が横に伸《の》びている。そしてまた「寝ているときはおしゃべりしないから口を閉《と》じてるよ」「口は閉《と》じていても鼻でちゃんと息をしてるから大丈夫だよ」と事細かく説明してくれたそうだ。

そう言われれば、一見稚拙《いっけんちせつ》に見えるこの絵も、[　⑧　]様子をありありと描《か》いた絵に見えてくる。もし大人の立場から「こう描《か》きなさい」などと指導したら、いかに的外れなことだろうか。せっかくの表現力《ひょうげんりょく》を大人の理解《りかい》不足で台無しにしてしまいかねない。

教科書には、「この幼児は、顔という『もの』を描《か》こうとしているのではなく、寝ていたという『こと』を表そうとして様々《さまざま》な工夫《くふう》をしているのである」と説明がされている。

それでは逆に大人にはこのような絵は描《か》けるだろうか？　大人の絵はつい知識や概念《がいねん》が先行してしまう。もし大人同士が集まって自分の似顔絵《にがおえ》を描《か》きましょうということになったら、みな真っ先に鏡を見たり、写真を見たりして、似《に》てるか似《に》てないか、上手く描《か》けるか描《か》けないかということを気にしだすだろう。そういう意識《いしき》で描《か》かれた絵は、それがいかに自分に似《に》せて描《か》けたとしても所詮《しょせん》はコピー、ニセモノでしかない。

その一方で、この子どもが描《か》いた絵は、似《に》てる似《に》てない、上手《うま》い下手《へた》という次元《じげん》を超《こ》えて、ありのままの真実《しんじつ》である。ここに大人と子どもの世界の越《こ》えられない大きな壁《かべ》がある。

⑨ピカソは「子どものように描《か》くのに一生涯《しょうがい》かかった」と言ったそうだ。ピカソの絵画活動とは、生涯《しょうがい》をかけて子どもの世界を取り戻《もど》すことだったのかもしれない。

✓「プラス」「マイナス」どっちなのか考えて、すべてのポイントを見つけよう

まず問八です。「一見稚拙《いっけんちせつ》に見えるこの絵も」とありますから、実際《じっさい》にはプラスであるということがわかります。では、どういう点でプラスなのかを考えていきましょう。

この子の考えが、「つまり」のあとに書かれています。

そこから先、ずっと線を引いてもよいでしょう。ポイントは三つ。

- **昼寝をしているから目をつぶっている**
- **寝ているから横向き**
- **寝ているから口を閉《と》じている**

「目の玉がない」では伝わりにくいため、「目をつぶっている」と言い換《か》えましたが、それ以外は本文をそのまま取ってきただけです。注意するポイントとしては、「さらに〜」「また〜」とあるため、この三つが並列《へいれつ》関係にあるということです。一つだけを書かないように注意しなければなりません。

解答例

・三歳《さい》の子どもが昼寝をしているので、目をつぶり、横向きで、口を閉《と》じている

・三歳《さい》の子どもが目をつぶり口も閉《と》じて、横向きになって昼寝をしている

✓対比を使って、「聞かれたこと」に答えよう

では、問九です。大人と子どもが対比《たいひ》されていることは、先ほど印《しるし》をつけた段階《だんかい》でわかりましたね。

気をつけたいのは「どのように絵を描《か》きますか」を聞かれている問題だという点です。つまり、「所詮《しょせん》はコピー、ニセモノ」といった結果について書かれたところを書いてはいけないということです。

聞かれていることに答える。当たり前ですが、これは大事なポイントです。

問いと答えがセットで、会話として成立しているか確認できればよいでしょう。

すぐに文章から見つけられるのは次の対比《たいひ》です。

大人…大人の絵はつい知識や概念《がいねん》が先行《せんこう》してしまう
↔
子ども…似《に》てる似《に》てない、上手《うま》い下手《へた》という次元《じげん》を超《こ》えて、ありのままの真実《しんじつ》

これでは明確な対比《たいひ》になっていません。
そこで、子どもは「似《に》てる似《に》てない、上手《うま》い下手《へた》の次元《じげん》を超《こ》えて」とありますから、大人は、似《に》ていることや、上手《うま》いかどうかを意識《いしき》しているのだなと理解《りかい》して、大人と子どもの文章自体が、対比《たいひ》として見やすい形にそろえましょう。

解答
大人：知識や概念《がいねん》が先行し、似《に》ていることや、上手《うま》いことを気にして描《か》く。
子ども：ありのままの真実《しんじつ》を描《か》くので、似《に》ているかどうかや上手《うま》いかどうかは気にしないで描《か》く。

これで十分合格点に達するでしょう。
もちろん時間があれば、次のようなもう少し洗練《せんれん》された答案が書けるかもしれません。

子ども：動きをありのままの真実《しんじつ》として表そうと、臨場感《りんじょうかん》あふれるように工夫《くふう》して描《か》く。

これは本文の、「寝ていたという『こと』を表そうとして様々《さまざま》な工夫《くふう》をしている」や「ありありと描《か》いた絵」を言い換《か》えた表現《ひょうげん》です。

でも、模範《もはん》解答に似《に》ている文章を書けたり、上手《うま》い表現《ひょうげん》ができたりすることより、まず対比《たいひ》のように習ったことを使って書けるところまで書いてみる。まず、△でいいから1点でも取ろうと努力してみる。その姿勢《しせい》が大切なのです。

第7章　まとめ

✓ 対比《たいひ》と因果《いんが》関係（理由）をキーワードの具体的な記述にしていく。

✓「どういうことですか」は言い換《か》え。分解《ぶんかい》してそれぞれ説明すればよい。

例

①かの鉄道草さえ／②たじたじと後退《こうたい》した

①はどういうこと？　②はどういうこと？と書いてつなげればよい。

✓ 字数不足の時は、「何か要素《ようそ》が足《た》りないのではないか？」と考えて具体的にしていく。

✓ 因果《いんが》関係は難《むずか》しくない。「なんでそうなるの？」という理由を入れてあげればよい。

✓ 合格するのに必要なのは、6割や7割の点数。記述問題は8割取れたら十分と考える。

出題校、説明文・論説文リスト

章（ページ）	出題校	作者	タイトル（出版社）
2(P26)	海城中学	若松英輔	弱さのちから（亜紀書房）
2(P27,28)	明治大学付属明治中学	平野啓一郎	本の読み方　スロー・リーディングの実践（PHP研究所）
2(P29,30)	聖光学院中学	森博嗣	面白いとは何か？　面白く生きるには？（ワニブックス）
2(P31〜33)	浦和明の星女子中学	森博嗣	お金の減らし方（SBクリエイティブ）
2(P34〜36)	青山学院中等部	永田和宏	知の体力（新潮社）
2(P38〜40)	早稲田中学	大林宣彦	芸術［『中学生の教科書』所収］（四谷ラウンド）
2(P43〜45)	青山学院中等部	本川達雄	生物学を学ぶ意味［『何のために「学ぶ」のか〈中学生からの大学講義〉1』所収］（筑摩書房）
2(P45〜48)	横浜共立学園中学	除本理史・佐無田光	きみのまちに未来はあるか？（岩波書店）
2(P50〜53)	豊島岡女子学園中学	今北純一	自分力を高める（岩波書店）
2(P54〜55)	明治大学付属明治中学	平野啓一郎	本の読み方　スロー・リーディングの実践（PHP研究所）
3(P62,63)	同志社中学	金田一秀穂	15歳の日本語上達法（講談社）
3(P63〜65)	神戸女学院中学部	脇明子	絵本から物語へ［『別冊国文学（59）』小冊子「ようこそ！絵本の世界へ」所収］（学燈社）
3(P65,66)	海城中学	菅野覚明	本当の武士道とは何か（PHP研究所）
3(P67〜69)	聖光学院中学	佐々木健一	「面白い」のつくりかた（新潮社）
3(P70,71)	筑波大学附属中学	稲垣栄洋	はずれ者が進化をつくる（筑摩書房）
3(P76〜79)	ラ・サール中学	稲垣栄洋	はずれ者が進化をつくる（筑摩書房）
3(P80,81,83)	青山学院中等部	本川達雄	生物学を学ぶ意味［『何のために「学ぶ」のか〈中学生からの大学講義〉1』所収］（筑摩書房）
4(P89)	聖光学院中学	森博嗣	面白いとは何か？　面白く生きるには？（ワニブックス）
4(P90)	淑徳与野中学	服部圭郎	若者のためのまちづくり（岩波書店）
4(P91)	法政大学第二中学	加賀野井秀一	日本語の復権（講談社）
4(P93,94)	聖光学院中学	佐々木健一	「面白い」のつくりかた（新潮社）
4(P95,96)	淑徳与野中学	池内了	なぜ科学を学ぶのか（筑摩書房）
4(P97,98)	横浜雙葉中学	吉見俊哉	知的創造の条件（筑摩書房）
4(P99)	明治大学付属明治中学	養老孟司	脳と自然と日本（白日社）
4(P100,101)	鷗友学園女子中学	稲葉俊郎	からだとこころの健康学（NHK出版）
4(P104)	洗足学園中学	好井裕明	「今、ここ」から考える社会学（筑摩書房）
4(P105,106)	横浜雙葉中学	吉見俊哉	知的創造の条件（筑摩書房）
5(P114)	灘中学	長谷川眞理子	モノ申す人類学（青土社）
5(P115,116)	大阪星光学院中学	永田和宏	知の体力（新潮社）
5(P116〜118)	吉祥女子中学	松村圭一郎	うしろめたさの人類学（ミシマ社）
5(P118,119)	灘中学	三宮麻由子	空が香る（文藝春秋）
5(P121,122)	栄光学園中学	藤原辰史	食べるとはどういうことか（農山漁村文化協会）
5(P123,124)	ラ・サール中学	稲垣栄洋	はずれ者が進化をつくる（筑摩書房）
5(P125,126)	浦和明の星女子中学	森博嗣	お金の減らし方（SBクリエイティブ）
6(P134〜136,138)	芝中学	斉藤環	つながること認められること［『学ぶということ〈続・中学生からの大学講義〉1』所収］（筑摩書房）
6(P139,141,142)	渋谷教育学園渋谷中学	中島義道	哲学の教科書（講談社）
7(P147,148,154〜157)	吉祥女子中学	杉浦明平	雑草世界の近代化［『養蜂記』所収］（中央公論社）
7(P162〜165)	女子学院中学	阿純章	「迷子」のすすめ（春秋社）

「国語」好評発売中！

中学受験「だから、そうなのか！」とガツンとわかる

合格する国語の授業 物語文入門編

中学入試「国語（物語文）」の押《お》さえどころが、おもしろいほど身につく。

物語文のルールを知り、感情語のとらえ方を知ることで、

霧《きり》が晴《は》れるように読み解くことができる！

さあ、難関校の入試問題に立ち向かうための「武器」を手に入れよう。

松本亘正 著

定価1540円（本体1400＋税10％）　ISBN978-4-7889-1969-3

「合格する授業」シリーズの本

「社会(歴史)」好評発売中!

中学受験
「だから、そうなのか!」とガツンとわかる
合格する歴史の授業
上巻(旧石器〜安土・桃山時代)

松本亘正 著

定価1540円(本体1400+税10%)
ISBN978-4-7889-1897-9

中学受験
「だから、そうなのか!」とガツンとわかる
合格する歴史の授業
下巻(江戸〜昭和時代)

松本亘正 著

定価1540円(本体1400+税10%)
ISBN978-4-7889-1898-6

「合格する授業」シリーズの本

「社会(地理)」好評発売中!

中学受験
「だから、そうなのか!」とガツンとわかる
合格する地理の授業
47都道府県編

松本亘正 著

定価1540円(本体1400+税10%)
ISBN978-4-7889-1965-5

中学受験
「だから、そうなのか!」とガツンとわかる
合格する地理の授業
日本の産業編

松本亘正 著

定価1540円(本体1400+税10%)
ISBN978-4-7889-1966-2

「合格する授業」シリーズの本

「算数」好評発売中！

中学受験
「だから、そうなのか！」とガツンとわかる
合格する算数の授業
図形編

松本亘正・教誓健司 著

定価1540円（本体1400+税10%）
ISBN978-4-7889-1967-9

中学受験
「だから、そうなのか！」とガツンとわかる
合格する算数の授業
数の性質編

松本亘正・教誓健司 著

定価1540円（本体1400+税10%）
ISBN978-4-7889-1968-6

「合格する授業」シリーズの本

松本亘正（まつもと・ひろまさ）

1982年福岡県生まれ。中学受験専門塾ジーニアス運営会社代表。ラ・サール中学高校を卒業後、大学在学中にジーニアスを開校。現在は東京・神奈川の８地区に校舎がある。開成、麻布、駒場東邦、女子学院、筑波大附属駒場など超難関校に合格者を毎年輩出。中学受験だけでなく、高校・大学受験時、就職試験時、社会人になっても活きる勉強の仕方や考える力の育成などに、多くの支持が集まっている。また、家庭教師のトライの映像授業「Try IT」の社会科を担当し、早くからオンライン指導に精通。塾でも動画配信、双方向Web授業を取り入れた指導を展開している。主な著書に、『合格する歴史の授業 上巻／下巻』『合格する地理の授業47都道府県編／日本の産業編』『合格する算数の授業 図形編／数の性質編』（実務教育出版）がある。

中学受験 「だから、そうなのか！」とガツンとわかる

合格する国語の授業 説明文・論説文入門編

2021年７月25日 初版第１刷発行
2023年10月５日 初版第３刷発行

著 者 松本亘正
発行者 小山隆之
発行所 株式会社 実務教育出版

〒163-8671 東京都新宿区新宿1-1-12
電話 03-3355-1812（編集） 03-3355-1951（販売）
振替 00160-0-78270

印刷／株式会社文化カラー印刷 製本／東京美術紙工協業組合

ISBN978-4-7889-1970-9 C6081